Je besser ein Spieler ist, desto genauer ist er meiner Erfahrung nach auch in der Bearbeitung seiner Zeitschriftenartikel und Bücher. Das ist einer der Gründe, die Jack Nicklaus und Tom Watson zu großen Spielern machen.

Watson hat die Thematik des vorliegenden Buches weitgehend selbst bestimmt (lange bevor er seinen berühmten Chip zum 17. Loch in Pebble Beach einlochte) und auch Format und Aufmachung. Wir wollten beide ein leicht verständliches, in erster Linie graphisch gestaltetes Buch, das den Lesern den einfachsten Weg zu einem besseren Score zeigen sollte; also leicht umsetzbare Tips über das kurze Spiel. Sie und ich werden den Driver sicher niemals so schwingen können wie ein Watson, aber von der Logik und Technik seines kurzen Spiels können wir viel lernen. Durch eine klare Darstellung der Problematik soll auch Ihr kurzes Spiel einfacher und sicherer werden.

Gliederung und Aufbau sollen das Buch nicht nur beim ersten Durchlesen leicht faßlich machen; man soll auch immer wieder darin nachschlagen können. Haben Sie zum Beispiel besondere Schwierigkeiten mit dem kurzen Pitch über ein Hindernis, so finden Sie den entsprechenden Absatz in diesem Buch und können Ihr Wissen leicht auffrischen.

Es fing damit an, daß wir 24 Stunden auf Band sprachen. Diese Texte wurden dann von Jan Costello und Sharan Smith vom „Golf Digest" zum ersten Mal geschrieben und bearbeitet. Dann mußte diese erste Version mit all unseren Handkorrekturen neu geschrieben werden, und das bei manchen Abschnitten drei- bis viermal.

Unser Dank gilt auch Larry Dennis und Jerry Tarde, Redakteure von Golf Digest, sowie Andy Nusbaum, Direktor der Golf Digest Instruction School, die alle jederzeit bereit waren, unsere fortschreitende Arbeit zu lesen und zu begutachten. Dorothy Geiser, für die Gestaltung des Buches zuständig, war stets hilfsbereit, und, obwohl eher eine Gesundheitsfanatikerin, litt sie tapfer unter den nie ausgehenden Pfeifen von Tony Ravielli und mir. Nicht zuletzt danke ich auch meiner Frau Velma für ihre Geduld und ihren Zuspruch, obwohl sie selbst eine Tennisspielerin ist. Sie stellte unserem Unternehmen ihren Eßtisch zur Verfügung und gab ihm hinterher den Namen „The Watson-Book-Table".

Eine bleibende Erinnerung an das Buch und gleichzeitig sein vielleicht bestes Zeugnis stammt von einer lustigen Runde, die ich mit Watson und ein paar Freunden in Greenbrier in West Virginia spielte. Am letzten Loch chipte Watson vor einer großen Zuschauerkulisse aus einer Entfernung von gut 20 m seinen Ball tot an die Fahne. Etwa aus der gleichen Entfernung, aber einer viel schlechteren Lage, legte ich meinen Ball noch näher ans Loch. Ich hatte, wie Jerry Pate es auf der Tour nennt, „einen Watson gespielt". In dem Augenblick wußte ich, daß dieses Buch ein Erfolg werden würde.

Vorwort von Tom Watson

Meine erste Erinnerung an Golf, meinen heutigen Beruf, geht zurück bis in das reife Alter von sechs Jahren. An einem heißen Sommerabend erschien die ganze Watson-Familie, Putter und Bälle in der Hand, auf dem Übungsgrün des Kansas City Country Clubs. Ich werde die Faszination dieses Abends nie vergessen, war es doch das erste Mal, daß mein Vater mir erlaubte, auf dem Platz richtig zu „spielen"! Ich hatte einen Putter mit verkürztem Schaft. Mein Vater zeigte mir, wie man den Schläger halten muß – und dann sollte ich den Ball einfach in das nächste Loch schlagen. Nach dieser ersten Begegnung mit dem Spiel blieb ich für immer davon gefesselt; denn es machte Spaß und bedeutete außerdem eine große Herausforderung. Natürlich hatte ich damals keinen blassen Schimmer, wohin mich die Golfpassion einmal führen würde; und genausowenig ahnte ich, daß diese erste Golfstunde meines Vaters die wichtigste im ganzen Golf war: „Schlag den Ball ins Loch!"

Bald danach lehrte mein Vater mich auch den vollen Schwung; aber wann immer ich vor der Wahl stand, volle Schläge oder Putten zu üben, ließ ich das abgeschnittene Eisen 5 stehen und griff zu meinem kleinen Putter. Das Geschwindigkeitsproblem von hängenden Putts faszinierte mich besonders, und nicht zuletzt deshalb verbrachte ich die meiste Zeit auf dem Übungsgrün. Diese frühzeitige Konzentration auf das Putten ist sicher der Hauptgrund dafür, daß ich es in späteren Jahren im kurzen Spiel zu einer gewissen Perfektion brachte.

Dieses Buch behandelt nur das kurze Spiel – Putten, Chippen, Pitchen und Bunkerschläge, und zwar aus zwei Gründen: Erstens, weil über die Hälfte aller unserer Schläge auf dem Platz innerhalb von 40 m vom Grün gespielt werden. Ich benutze eine PGA-Tour-Statistik, um die Bedeutung des kurzen Spiels im Verhältnis zum langen darzulegen. Pro Runde schlägt der Durchschnitts-Pro seinen Ball weniger als 13mal normal aufs Grün, so daß er mit zwei Putts ein Par spielt. Das bedeutet, daß selbst ein Touring-Pro strampeln muß, um wenigstens an fünf Löchern aufs Grün und mit einem Schlag ins Loch zu kommen. Sie sehen aber, daß selbst diese Spieler, die vom Abschlag bis zum Grün wirklich Experten sind, sich weitgehend auf ihr Chippen, Pitchen, auf ihre Bunkerschläge und Putts verlassen, um ihre Brötchen zu verdienen. Gehen Sie zu irgendeinem Pro-Turnier, und Sie werden auf und ums Übungsgrün mindestens so viele Spieler sehen wie auf der Driving Range. Ich wage zu behaupten, daß die Masse der Amateurgolfer viel zu wenig Zeit auf das Üben des kurzen Spiels verwendet. Es ist traurig und eine Schande, daß diese Spieler offenbar nicht einsehen, wie außerordentlich wichtig das kurze Spiel zur Erzielung eines guten Scores ist.

Den zweiten Grund für die ausschließliche Beschäftigung mit dem kurzen Spiel sehe ich bei diesem Buch darin, daß es natürlich, logisch und auch am einfachsten ist, mit dem kurzen Schlag und dem kurzen Spiel anzufangen und erst allmählich bis zum vollen Schlag fortzuschreiten. Ich bin fest davon überzeugt, daß man die Grundelemente des Golfs – Ausrichten der Schlagfläche und permanentes Treffen des Balles mit der Mitte der Schlagfläche – sehr viel leichter bei einem kurzen als bei einem langen Schwung erlernen kann.

Die Erfahrung lernt, daß die meisten Anfänger kein rechtes Gefühl für die Geschwindigkeit und Länge eines auf das Grün geschlagenen oder über das Grün rollenden Balles haben. Dieses Buch enthält verschiedene Übungsprogramme für das Putten und Chippen, aus denen Sie dieses Gefühl lernen und es dann auf dem Platz in die Praxis umsetzen können.

Ein Schlag in meiner Golflaufbahn wird unvergessen bleiben. Es ist der kurze, schwierige downhill Chip am 17. Par 3-Loch in Pebble Beach anläßlich der US Open. Ich war schlaggleich mit Jack Nicklaus, mußte an diesem Loch aus der Lage mit einem Bogey rechnen und hatte dann nur noch ein Loch zu spielen. Ich spielte den Chip mit aufgedrehtem Schlägerblatt genau auf den Grünrand, sah dann, wie er nach rechts abdrehte, den Flaggenstock genau in der Mitte traf und zum Birdie 2 und zur Führung um einen Schlag ins Loch fiel. Ich spielte am letzten Loch noch ein Birdie, habe meine erste US Open aber dank dieses Chips und etwas Glück gewonnen.

In diesem Buch wird genau beschrieben, wie ich diesen Chip und noch viele andere ungewöhnliche Chips, Pitches und Bunkerschläge gespielt habe. Ohne Tricks, dafür aber mit umso mehr gesundem Menschenverstand, werden dann auch Sie in der Lage sein, fast jeden kurzen Schlag auf eine einfache und logische Art und Weise zu spielen.

Lernen Sie durch das Lesen dieses Buches aber nur den korrekten Stand und die richtige Schlagtechnik, so reicht das nicht aus. Sie müssen alle diese Schläge praktisch üben, damit das sichere Schwung- und Schlaggefühl Ihnen sozusagen in Fleisch und Blut übergehen. Dann erst werden Sie auf der Runde und auf Ihrer Scorekarte einen greifbaren Erfolg sehen.

Putten

Der normale Putt

Eine vor kurzem abgeschlossene Studie hat ergeben, daß das Putten 43 % aller Schläge eines Golfers ausmacht. Das halte ich für ziemlich konservativ. Es hat niemals einen Professional gegeben, der die Bedeutung des Puttens unterschätzt hätte. Wie oft kann man bei Turnieren in der Garderobe die Klage hören: „Bei mir lief kein Putt ins Loch." Wir arbeiten an unserem Putten genauso intensiv wie am langen Spiel; schließlich ist das nicht mehr als recht und billig, wenn es das halbe Spiel ist. Aber wie viele Wochenendgolfer kennen Sie, die sich so sehr um ihr Putten bemühen? Wie viele kennen Sie, die jemals eine Puttstunde genommen haben?

Das Putten wird in diesem Buch besonders eingehend behandelt, weil es meinen Erfolg im Golf entscheidend beeinflußt hat, was im übrigen für jeden guten Golfer gilt. In der Spitzengruppe der Golfer gibt es keine schlechten Putter, und Sie können Gift darauf nehmen, daß die Spieler, die auf der Tour von Woche zu Woche auf der Siegerliste erscheinen, alle erstklassige Putter sind. Die Großen im Golf, von Vardon bis Nicklaus, haben alle exzellent geputtet.

So ist das Putten eigentlich ein Spiel im Spiel.

Was immer Sie auf dem Grün zustande bringen, es muß präziser und zuverlässiger sein als alle anderen Schläge, weil der Spielraum für Fehler sehr viel geringer ist. Ich werde Ihnen die physischen und psychischen Aspekte aufzeigen. Sie werden dann alles klarer sehen und in der Lage sein, den Ball auch unter Druck sauber und so präzise zu treffen, daß Sie seinen Lauf auch unter ungewöhnlichen Umständen voraussagen können.

Ich gelte als aggressiver Putter und bin es wahrscheinlich auch. Ein zu kurzer Putt kann nie ins Loch gehen; und ich habe lieber einen Rückputt von über einem Meter als einen am Lochrand hängengebliebenen Ball. Aber ich bin nicht immer im Angriff. Später werde ich darauf eingehen, wann man mutig und wann man eher vorsichtig sein sollte. Zuerst aber einmal die Grundregeln.

Putten besteht aus dem klaren Erkennen der Aufgabe, dem Gefühl für den Schlag und dem Sinn für die Entfernung. Beherrschen Sie dann auch noch die Mechanik des Schlages, so sind Sie ein guter Putter. In diesem Kapitel werde ich die beiden wichtigsten Komponenten des Puttens behandeln: das Gefühl für den Schlag und seinen mechanischen Ablauf; wobei das Gefühl 90 % und die Mechanik 10 % ausmachen. Die Mechanik läßt sich relativ leicht erlernen, mit dem Gefühl ist das sehr viel schwerer. Aber die Beherrschung der Mechanik gibt Ihnen ein gutes Gefühl für den Putt.

Ich werde über das schwierige Problem der Beschleunigung des Putts und darüber sprechen, wie man den Ball mit dem Sweet Spot des Putters trifft. Mit Beschleunigung meine ich, daß der Schlägerkopf im Treffmoment schneller und keinesfalls langsamer werden soll. Und einen sauberen Putt erreichen Sie nicht nur dadurch, daß Sie den Ball square auf seiner Rückseite treffen, es muß auch mit dem gewichtigsten Teil des Schlägerblattes, dem Sweet Spot, erfolgen. Ich werde auch einen weit verbreiteten, wenn auch selten diskutierten Fehler schlechter Putter besprechen, nämlich den Winkel des linken Ellbogens beim Ansprechen des Balles und seine Haltung beim Rück- und Durchschwung. Auch der Griff und die Stellung am Ball gehören zum Thema.

Vergessen Sie dabei aber nicht, daß das Putten der individuellste Teil des ganzen Golfs ist. Es gibt unendlich viele Stilarten, viel mehr als beim vollen Schlag. Der Schlag ist zwar kurz, aber er kann dennoch auf die unterschiedlichste Weise ausgeführt werden. Dennoch gibt es gewisse Grundregeln, die alle großen Putter befolgen; und mit denen wollen wir uns nun beschäftigen.

Nachdem wir den mechanischen Ablauf eines sauberen Putts behandelt haben, werde ich Ihnen zeigen, wie Sie sich das für alle Zeiten merken und wie Sie die drei so wichtigen Dinge lernen können – das Erkennen der Aufgabe, das Gefühl für den Schlag und den Sinn für die Entfernung. Am Ende werden Sie ein besserer Putter und damit ein viel besserer Spieler sein.

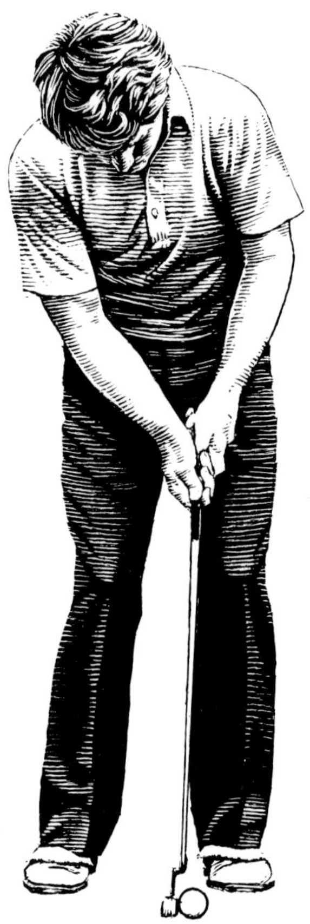

Der Schlag beim Putten

Auf den folgenden Seiten zeige ich Ihnen meinen kontrollierten, rhythmischen und stets gleichbleibenden Schlag beim Putten. Unter anderem gehe ich darauf ein, wie man sich an den Ball stellt, die Richtung bestimmt, den Rückschwung begrenzt und den Putter durch den Ball hindurch beschleunigt, um ihn fest und sauber zu treffen. Ich zeige Ihnen auch, weshalb ich eine gleichbleibende Beugung des linken Ellenbogens für absolut entscheidend halte.

Auf den Abbildungen läßt sich klar erkennen, daß ich mit Armen und Schultern putte, daß die Handgelenke während des ganzen Schlages fest bleiben, und daß die linke Hand den Schläger zurück- und wieder nach vorn führt. Nur bei außergewöhnlich langen Putts werden die Handgelenke bei Rück- und Durchschwung leicht abgewinkelt.

Den Kopf halte ich so lange still, bis ich nach dem Treffmoment „eins" gezählt habe. Die meisten Putts werden nämlich ausgelassen, weil der Spieler zu früh aufschaut. Zählen Sie aber nach dem Treffmoment „eins" und schauen Sie dann erst auf, so werden Sie Ihren Putt auch sauber durchschwingen.

Sie sollten übrigens dem Schlägerkopf im Rückschwung nicht nachschauen. Die Augen müssen fest auf dem Ball bleiben, weil man ihn sonst nicht sauber treffen kann. Folgen Sie dagegen dem Schlägerkopf im Rückschwung mit den Augen, so müssen Sie sie im Durchschwung schnell zum Ball zurückholen, bevor der Schlägerkopf ihn erreicht. Das aber führt unweigerlich zu einem hastigen und unkontrollierten Schlag.

Die unendliche Vielzahl der Putt-Stile

Es ist ganz unmöglich, irgendeinen bestimmten Putt-Stil zu empfehlen, weil die großen Putter immer wieder bewiesen haben, daß das Putten eine ebenso individuelle Angelegenheit ist wie angewandte Wissenschaften. Leo Diegel zum Beispiel, der Ende der zwanziger Jahre zahlreiche PGA-Championships gewann, puttete mit völlig abgewinkelten Armen. Als er starb, meinten böswillige Zeitgenossen, daß er mit diesen weit abstehenden Ellbogen wohl nie in einen Sarg passen würde. Bobby Locke hatte die Füße extrem nah beieinander und spielte seine Putts, so wie alle anderen Schläge, als leichten Hook. Jack Nicklaus steht dagegen eher offen am Ball. Bei dem Japaner Isao Aoki zeigt die Putterspitze beim Ansprechen des Balles in die Luft. Er puttet aus den Handgelenken und schlägt von oben in den Ball hinein. Paul Runyan war bekannt dafür, daß seine Hände am Schlägerschaft weit auseinanderlagen, und Sam Sneed puttete auf seine alten Tage seitwärts. Hubert Green beugte sich tief über den Ball. Billy Casper gibt dem Ball einen kleinen Schubs, während Ben Crenshaw mit Händen und Armen einen weiten fließenden Bogen schwingt. All diese verschiedenen Puttarten haben eines gemeinsam: sie funktionieren.

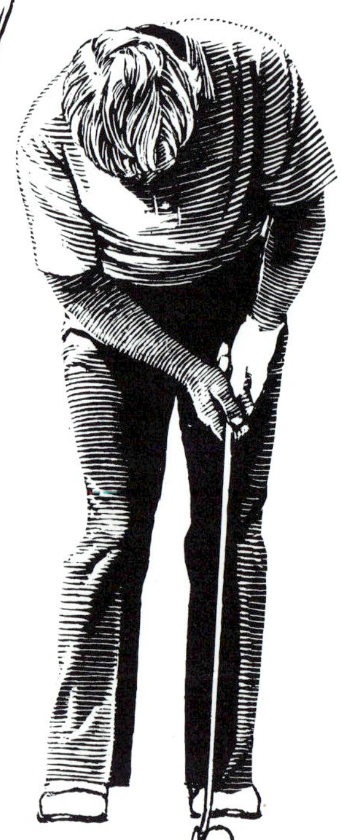
Jack Nicklaus

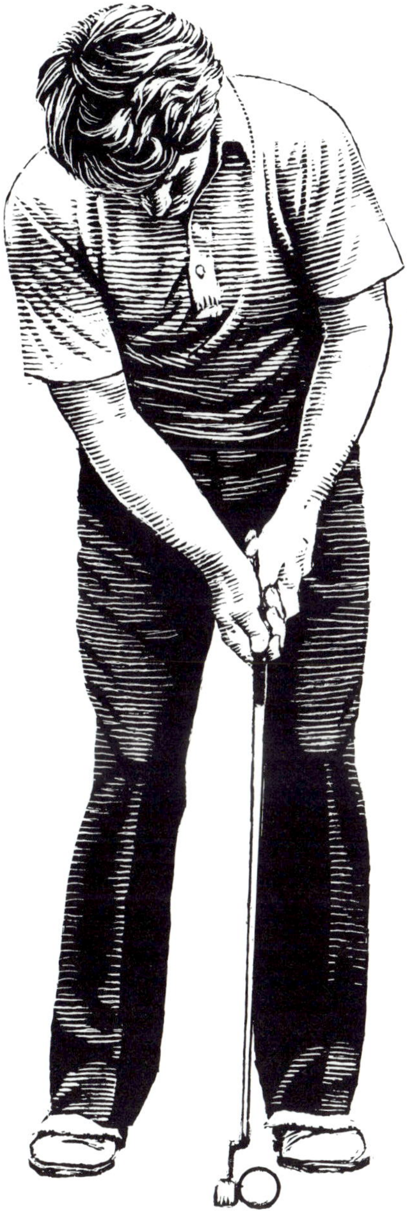

Wie ich mich beim Putten an den Ball stelle

Es gibt nicht zuletzt deshalb so viele Puttarten, weil man nur dann gut putten kann, wenn die persönliche Körperhaltung bequem und entspannt ist, und weil der Schlag kurz ist und keine Bewegung von Beinen und Hüfte verlangt. Wichtig ist nur eine ruhige Stellung beim Ansprechen des Balles. Ich beuge mich aus der Hüfte nach vorn, so daß meine Arme frei herunterhängen und die Ellbogen rechts und links leicht am Körper anliegen. Das Gewicht ist gleichmäßig auf beide Füße verteilt; wenn es überhaupt mehr zu einer Seite neigt, dann höchstens nach links, und der Ball liegt etwas links von der Mitte zwischen den Füßen. Zur Sicherstellung einer guten Balance sollten die Füße mindestens eine Schulterbreite auseinderstehen und auf keinen Fall zu eng. Der Stand ist leicht offen, so daß ich das Gefühl habe, mit rechtem Arm und rechter Hand nach vorn in Richtung auf das Loch durchzugehen.

Die Hände sind etwas vor dem Ball und dabei leicht nach vorn abgebogen. So können sie während des ganzen Schlages mit den Unterarmen eine feste Einheit bilden. Das verhindert einen falschen Einsatz der Handgelenke und zwingt Sie, nur aus den Armen zu putten. Vor allem unter Druck halte ich diese Methode für besser als den Putt aus dem Handgelenk; und ich kann den Schlägerkopf auf diese Weise auch besser durch den Ball hindurch beschleunigen.

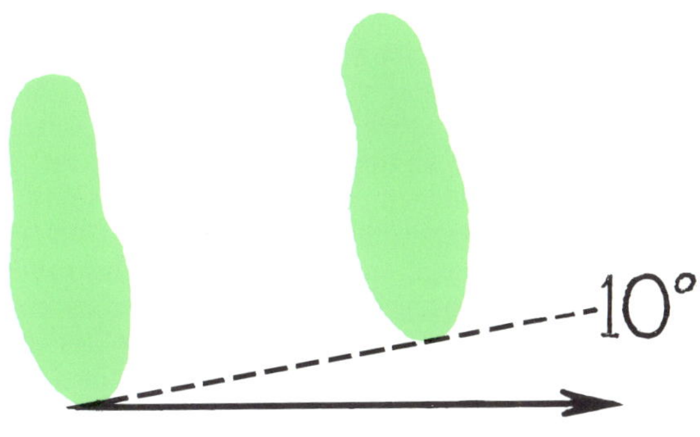

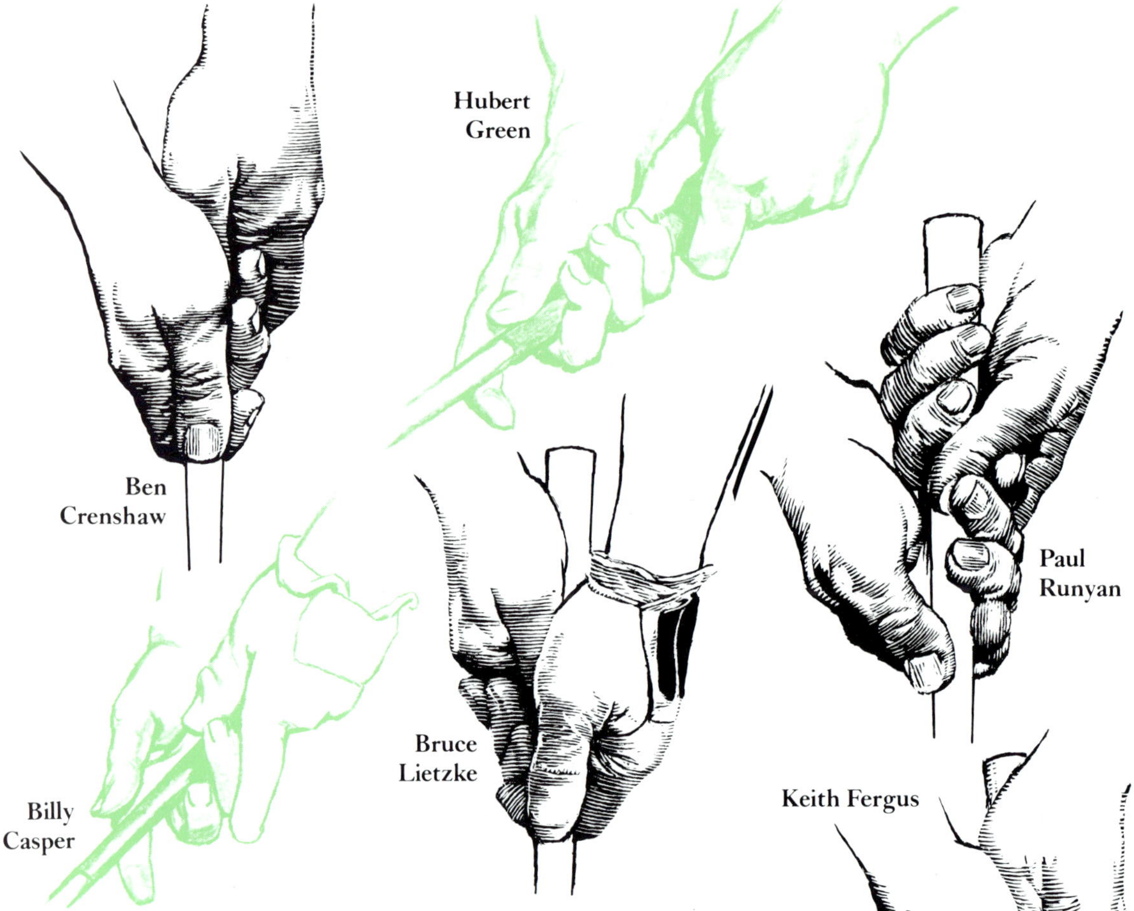

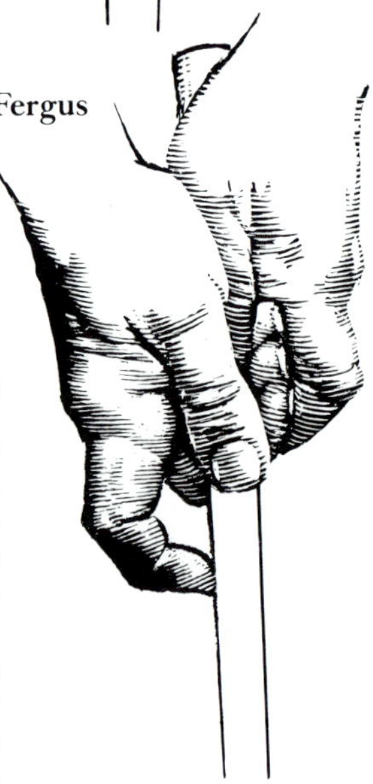

Die Spieler greifen ihren Putter auf die unterschiedlichste Art und Weise

Es gibt ungefähr genau so viele verschiedene Putter wie es Möglichkeiten gibt, den Putter zu greifen. Ich kann und will keine besonders empfehlen, weil ich es erlebt habe, wie in all den Fällen viele Putts ins Loch gingen. Hubert Green trennt seine Hände am Griff. Bei Ben Crenshaw liegen die beiden Daumen senkrecht am Schaft, so daß die Handflächen genau einander gegenüberliegen. Billy Caspers Griff ist sehr stark, also eher aufgedreht. George Archer und Jack Nicklaus halten den Schläger nur schwach mit der linken Hand und stark mit der rechten. Bob Rosburg hat immer mit einem Baseballgriff geputtet. Bei Paul Runyan sind beide Hände im Winkel von 45 Grad nach innen und oben gedreht. Keith Fergus legt den rechten Zeigefinger längs an den Schaft, was ihm offenbar hilft, und Bruce Lietzke vertauscht beide Hände am Schaft.

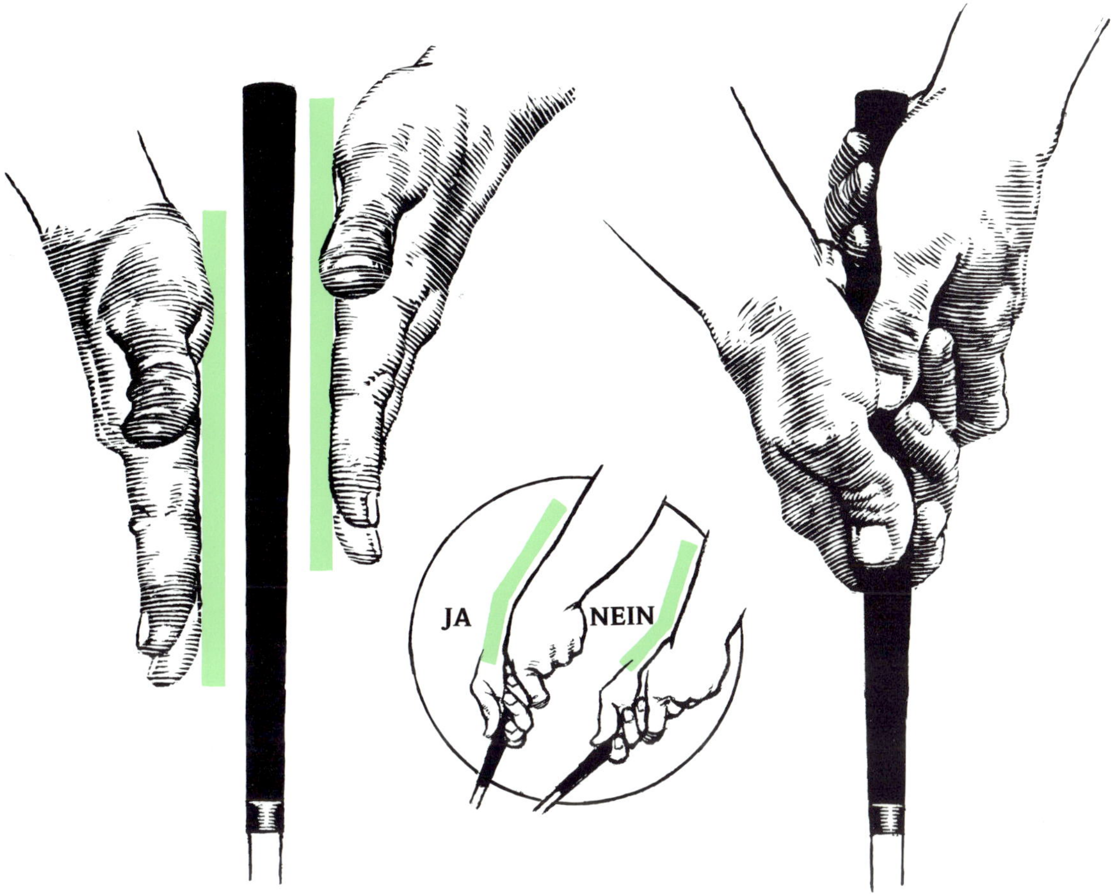

Warum bei meinem Griff die Handflächen einander gegenüberliegen

Es gibt keinen Griff, der für alle Golfer paßt, aber jeder Golfer hat einen Griff, der ihm oder ihr paßt. Bei mir liegen die Handflächen einander square gegenüber, und die Daumen liegen abwärts am Schaft. Der linke Handrücken zeigt genau in die Puttrichtung.

Ich greife den Putter mit einem umgekehrten „overlapping grip", bei dem der Zeigefinger der linken Hand auf der Spalte zwischen den beiden letzten Fingern der rechten Hand liegt. Sie können praktisch jeden Griff benutzen, bei dem Sie das Gefühl haben, gut zurechtzukommen. Ich persönlich lege die Handflächen square einander gegenüber, damit die Hände als eine Einheit wirken können. Es ist ein Griff, der eigentlich bei jedem Schlag funktionieren sollte. Dabei ist mein Griff neutral, d. h. weder „stark" noch „schwach". Beim Ansprechen des Balles übe ich mit der linken Hand den stärkeren Druck aus, damit ich den Schlag mit dieser Hand führen kann. Genauer gesagt, greife ich vor allem mit den letzten drei Fingern der linken sowie mit dem Zeigefinger und den beiden mittleren Fingern der rechten Hand.

Ich setze den Putter nur ganz leicht auf, so daß sein Gewicht keinesfalls auf dem Boden aufliegt. Sonst kann das Gras den Schlägerkopf beim Wegschwingen vom Ball zu leicht behindern und damit den ganzen Schlag durcheinanderbringen.

Bestimmen Sie den „Sweet Spot” Ihres Putters ...

Jeder Putter hat seinen Zentralpunkt oder „Sweet Spot”, dessen Position von Modell zu Modell wechseln kann. Gelingt es Ihnen, den Ball immer mit diesem Punkt des Schlägerblattes zu treffen, so werden Sie ein entsprechend sicheres Gefühl für die Länge des jeweiligen Putts bekommen. Um den „Sweet Spot” zu bestimmen, greifen Sie den Putter zwischen Daumen und Zeigefinger und lassen ihn frei herunterhängen. Mit dem Zeigefinger der anderen Hand stoßen Sie an verschiedenen Stellen solange gegen das Schlägerblatt, bis es gerade zurückschwingt. Das Schlägerblatt darf dabei weder zittern noch sich verdrehen.
Der Punkt, nach dessen Anstoßen der Schlägerkopf gerade zurückschwingt, ist der „Sweet Spot”.

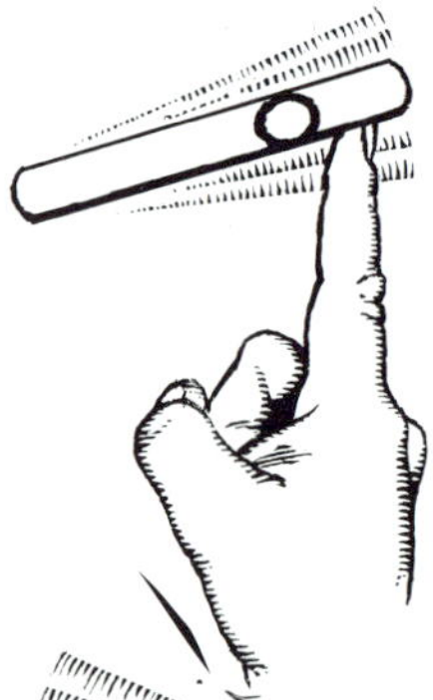

NEIN

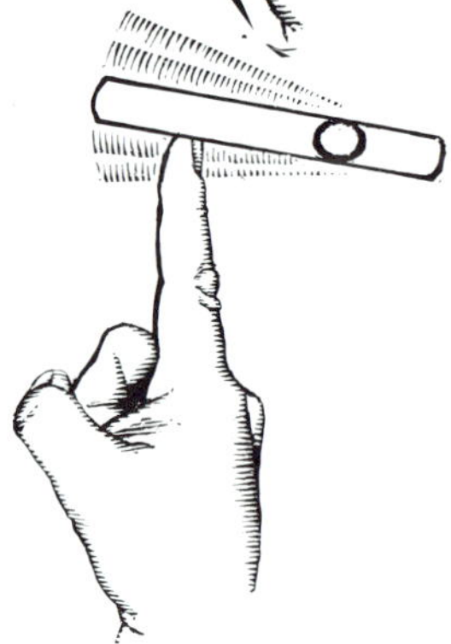

NEIN

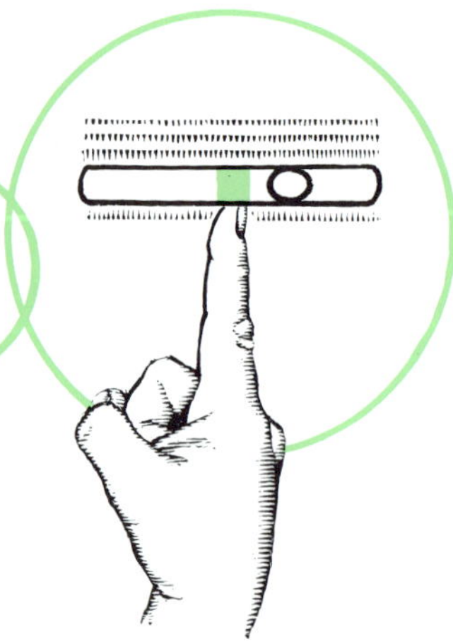

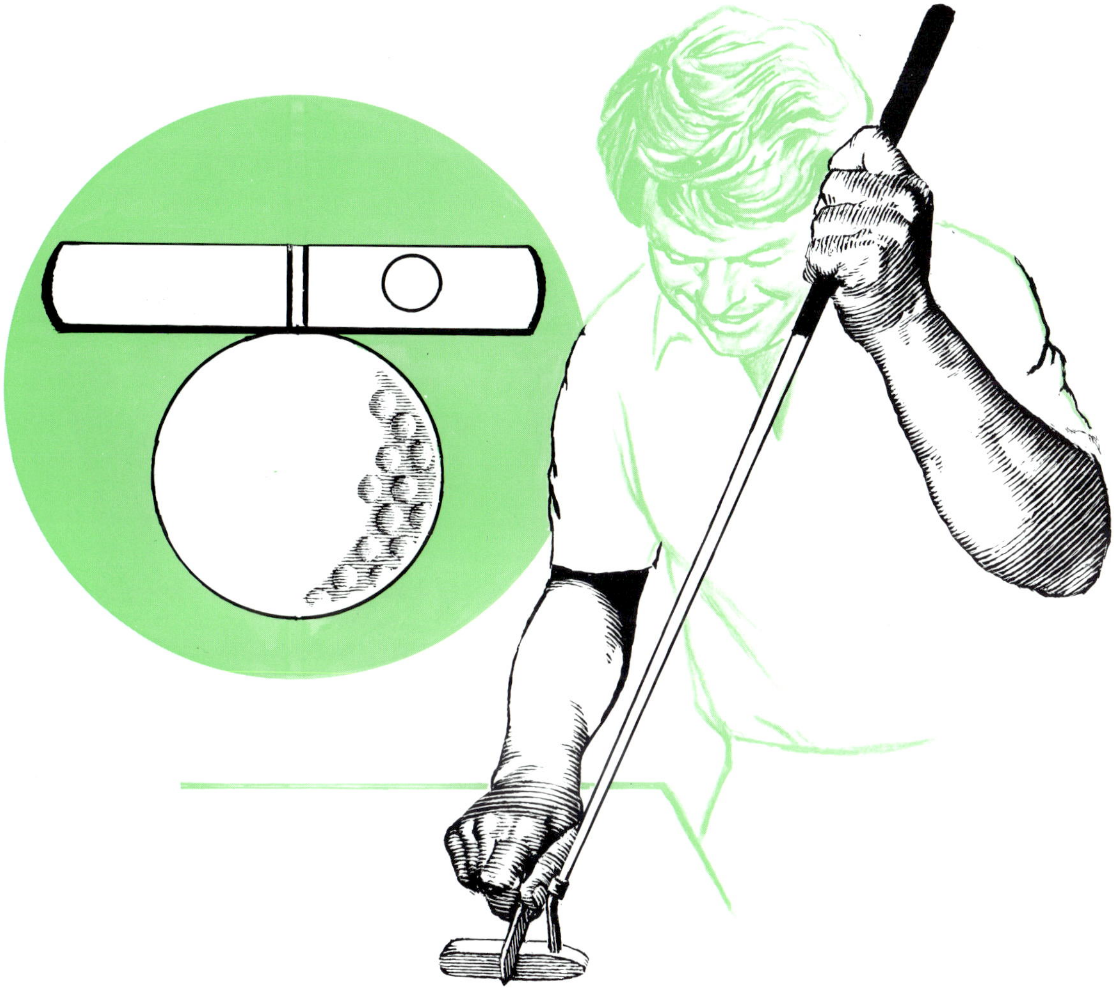

... und dann markieren und nutzen Sie ihn!

Haben Sie den Sweet Spot bestimmt, so markieren Sie ihn auf der Oberkante des Schlägerblattes mit einem kleinen Einschnitt, Farbtupfer oder Isolierbandstreifen. (Ihr Putter hat womöglich eine eingravierte Linie für die Zielansprache, die aber keineswegs mit dem Sweet Spot übereinstimmt.) Sprechen Sie den Ball nun so an, daß der Sweet Spot genau hinter dem Ball und square zum Ziel liegt. Aber auch treffen sollten Sie den Ball dann genau mit dem Sweet Spot. Das ist immer mein letzter Gedanke, bevor ich einen Putt ausführe.

Richten Sie erst den Putter und dann Ihren Körper aus

Zielansprache und Vorbereitung auf den eigentlichen Putt erfolgen bei mir nach einer strengen Ordnung, die meiner Ansicht nach für gutes Putten unverzichtbar ist. Sie ist im Grunde identisch mit der Vorbereitung auf einen Schuß. Für den letzten Blick auf die Linie zum Ziel stehe ich hinter dem Ball. Ist mir die Linie klar, so stelle ich mich an den Ball und mache zwei Probeschwünge, dem wirklichen Schlag so ähnlich wie möglich. Dabei versuche ich, mich ganz auf die Geschwindigkeit des Schlägerkopfes zu konzentrieren.

Bei dieser Darstellung eines geraden Putts stehe ich ganz normal, also leicht offen am Ball, so daß die Probeschwünge parallel zur Linie zum Ziel (links von ihr) verlaufen. Damit will ich vermeiden, daß ich in den Ball hineinfalle und nach rechts putte. Zielen Sie nämlich bei den Probeschwüngen genau auf das Loch, so werden Putter- und Körperausrichtung beim eigentlichen Schlag den Ball dann nach rechts gehen lassen.

Also – zuerst den Putter und dann den Körper entsprechend ausrichten. Viel zu viele Golfer richten zuerst den Körper aus, was unweigerlich zu einer falschen Zielansprache führt. Verläßlich sicheres Ausrichten bedingt intensives Üben.

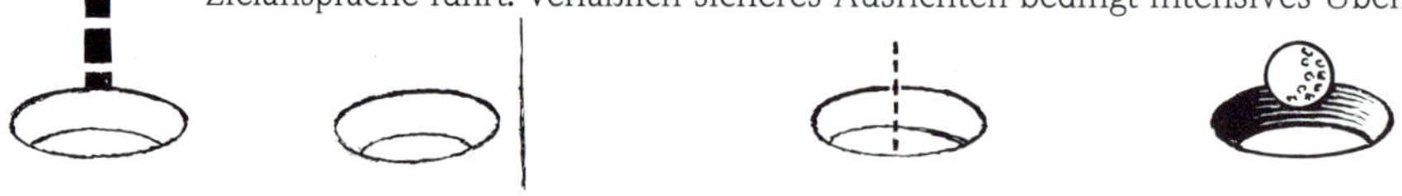

Augen über dem Ball und Schlägerblatt square

Wenn Sie am Ball stehen, so müssen beide Augen auf der Linie zum Ziel über dem Ball, bzw. kurz hinter ihm sein. Es gibt gute Putter, die sozusagen von innen nach außen auf den Ball schauen, aber kaum einen, der umgekehrt von außen nach innen auf ihn schauen würde. Schauen Sie nämlich von außen nach innen, so werden Sie Ihren Ball im Zweifel pullen, und bei einem Blick von innen nach außen leicht nach rechts pushen. Um das zu testen, stellen Sie sich an Ihren Ball und lassen dann einen zweiten genau von dem Punkt zwischen ihren Augen herunterfallen. Er sollte auf Ihren Spielball oder auf der Linie zum Ziel kurz hinter ihm landen.

Achten Sie darauf, daß Ihre Augen parallel zur Linie zum Ziel stehen, nicht nach links oder rechts verdreht.

Drehen Sie Ihren Kopf, aber heben Sie ihn nicht an

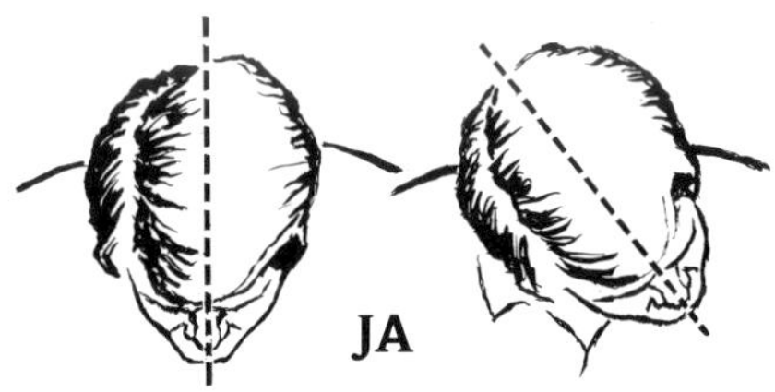

Sind Kopf und Augen in der richtigen Position, so schaffen Sie sich bitte keine unnötigen Probleme, wenn Sie vor dem Schlag noch einmal zum Loch schauen. Viele Golfer heben nämlich beim letzten Blick zum Ziel den Kopf, anstatt ihn nur seitwärts zu drehen, und verlieren damit die richtige Position für ihre Augen. Die Augen sind danach dann im Zweifel nach rechts gerichtet und genau dorthin gehen dann auch der Schlag und der Ball.

Selbst Tourspieler haben mit der Position ihrer Augen Probleme. Ein so guter Spieler wie Lanny Wadkins neigt zum Beispiel dazu, nach rechts zu schauen, den Putt daraufhin zu pushen, oder ihn zum Ausgleich dafür zu pullen. Bewahren Sie sich also die Position Ihrer Augen, indem Sie den Kopf beim Blick aufs Loch nur nach links oder rechts drehen. Sie sehen dann genau die Linie des Putts und laufen nicht Gefahr, beim Schlag zu früh aufzuschauen.

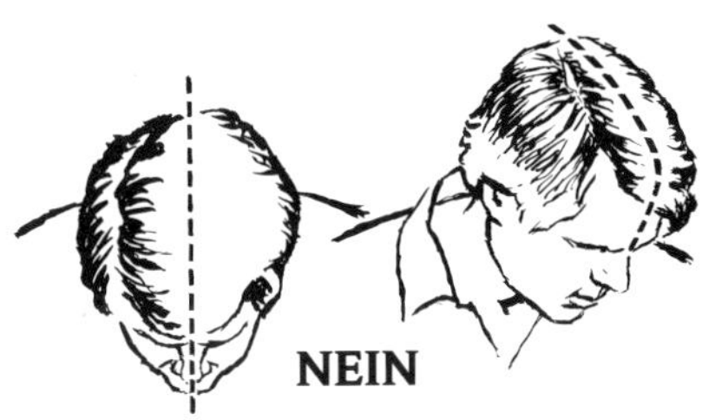

Verändern Sie nicht die Beugung des linken Ellbogens!

Wir kommen jetzt zu einem ganz besonders wichtigen Punkt: Der Beugungswinkel des linken Ellbogens bleibt während des ganzen Schlages unverändert, um dadurch ein unnötiges Anziehen oder Strecken des Armes auszuschließen. Wenn ich nämlich den Beugungswinkel meines linken Ellbogens unverändert beibehalte, müssen Schultern und Arme als eine Einheit fungieren, dadurch dem Schlag eine sichere Führung geben und wie ein Pendel immer wieder im gleichen Bogen schwingen.

Sie wollen kein Anziehen oder Strecken der Arme; und auf der nächsten Seite sehen Sie warum. Mein einziger Gedanke beim Putten ist also: „Halte den Beugungswinkel der beiden Ellbogen konstant und lasse die Arme nicht aus ihrer Pendelbewegung ausbrechen!"

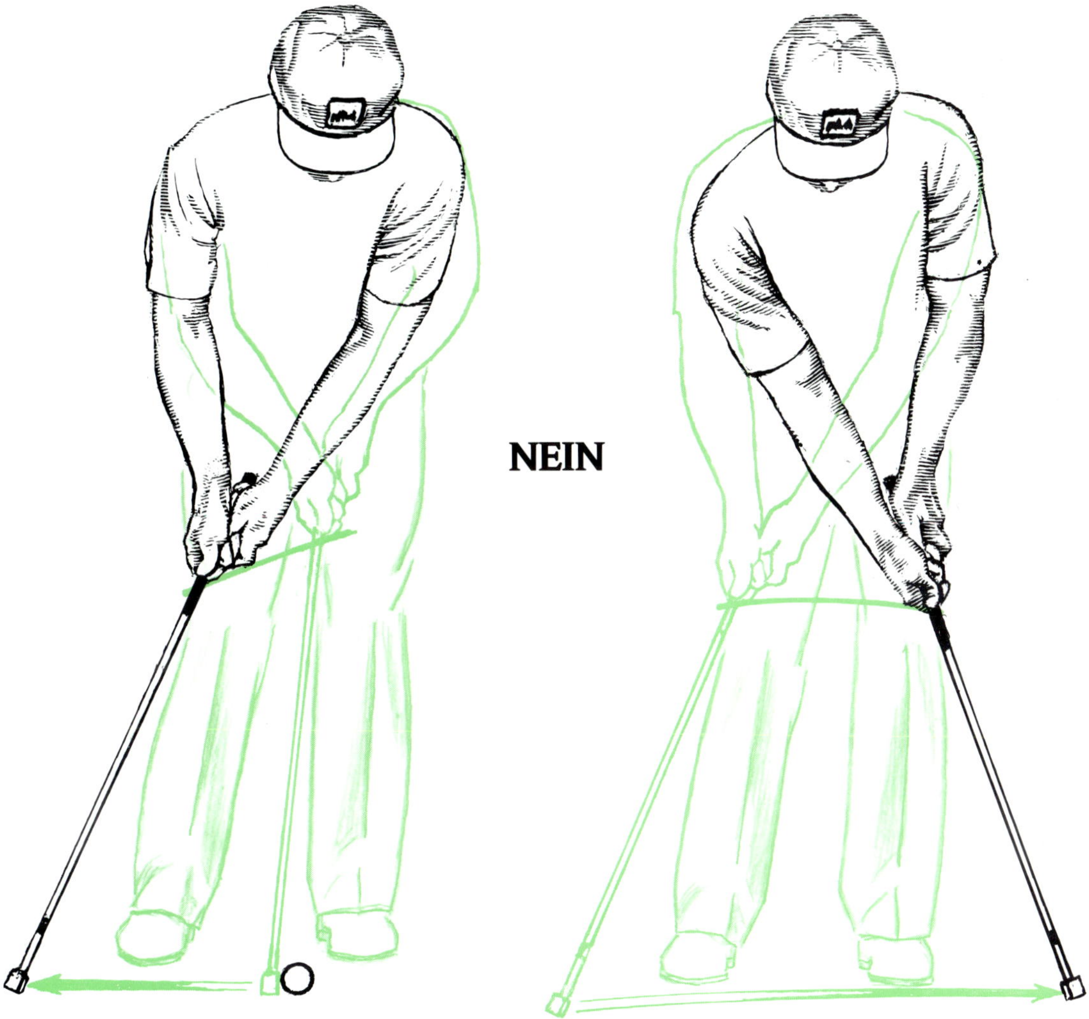

Wenn der linke Ellbogen sich streckt, so muß dies irgendwie kompensiert werden

Wenn Sie den linken Ellbogen beim Rückschwung strecken, so müssen Sie ihn notwendigerweise beim Durchschwung wieder zurückziehen, weil Sie sonst hinter dem Ball in den Boden schlagen würden. Das aber ist nach meiner Meinung der häufigste mechanische Fehler.

Der linke Arm wird oft gestreckt, weil der Spieler krampfhaft versucht, den Schlägerkopf im Rückschwung zu nahe am Boden zu halten. Dies zu empfehlen, kann aber ein ausgesprochen schlechter Rat sein, der nur bewirkt, daß Sie ihre Putts schief und schlecht treffen. Sie merken den Fehler an sich selbst durch das Gefühl, das Arm- und Schulterbewegung nicht mehr harmonisch zusammengehen.

NEIN

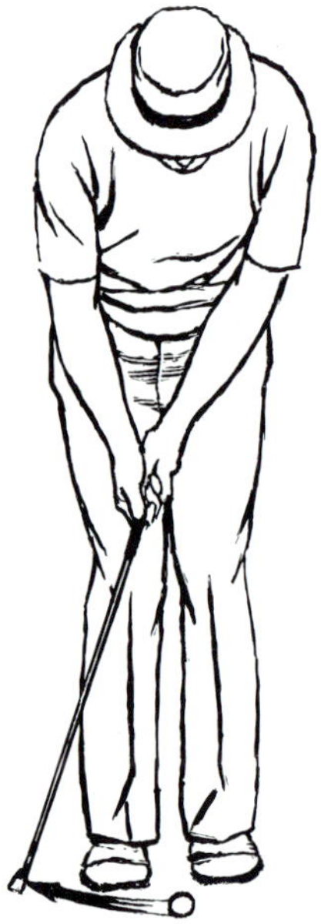

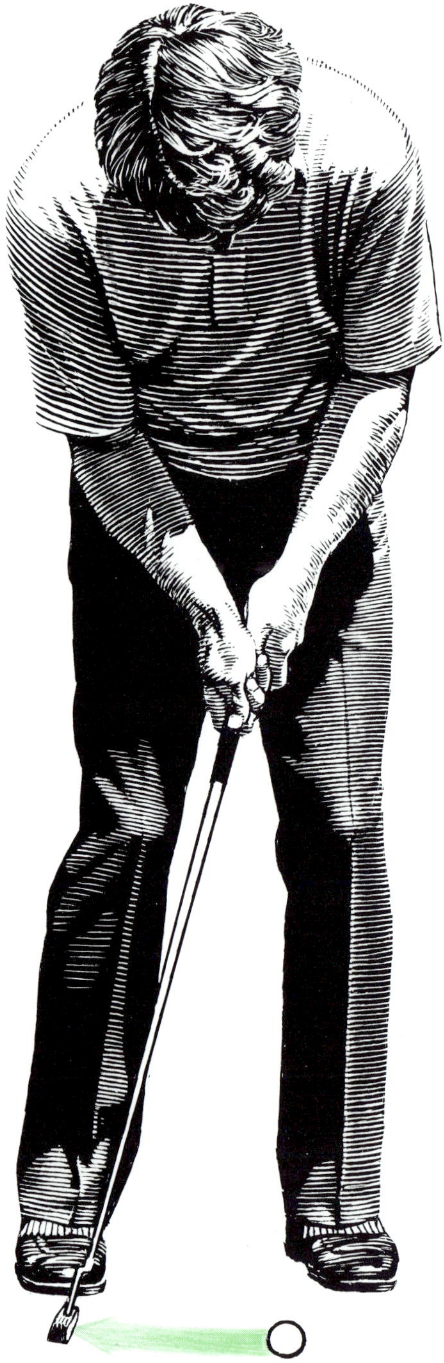

Schwingen Sie den Putter nur kurz zurück, damit Sie ihn im Treffmoment beschleunigen können ...

Die meisten Puttprobleme rühren daher, daß der Spieler den Schläger im Treffmoment verlangsamt. Der Schläger gerät dann ins Schwanken und kommt aus der Bahn. Um das zu verhindern, bemühe ich mich, den Schlägerkopf beim Schwung in den Ball und durch ihn hindurch zu beschleunigen.

Die Länge des Rückschwungs ist für mich die mechanische Komponente dafür, wie weit ich einen bestimmten Putt schlagen will. Natürlich gibt es noch viele andere Parameter: die Schnelligkeit des Grüns, die Richtung des Graswuchses, ob es ein Aufwärts- oder Abwärtsputt ist. Sie müssen genau die Rückschwunglänge herausfinden, die den Schlägerkopf so beschleunigt, daß der Ball die richtige Länge bekommt. Auf sehr schnellen Grüns verkürze ich den Rückschwung, behalte aber den gleichen Schwungrhythmus.

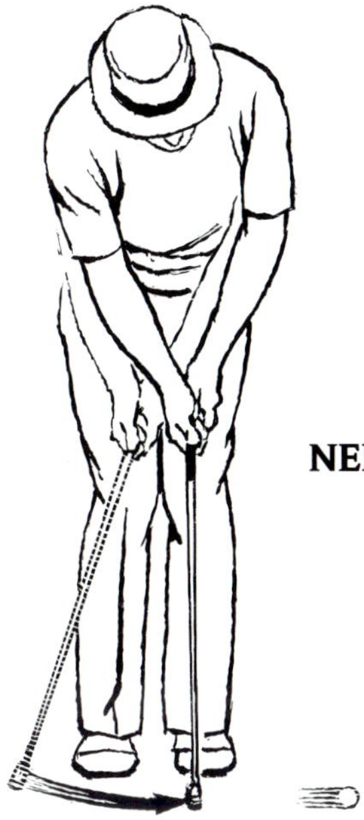

NEIN

… und schwingen Sie dann richtig durch!

Die meisten schlechten Putter schwingen den Schläger zu weit zurück und verlangsamen den Schwung dann bis zum Treffmoment. Bob Hope ist in dieser Beziehung ein großer Sünder. Ich habe mich sehr um ihn bemüht, konnte ihn aber nicht dazu bringen, seinen Rückschwung zu verkürzen und stärker durchzuschwingen. Er hat auf seine Weise gar nicht mal schlecht gespielt.

Nachdem ich mich also beim Rückschwung bewußt zurückhalte, beschleunige ich den Putter in den Ball mit einem festen Schlag und durch ihn hindurch. Dieser Schlag ist immer gleichbleibend, auch wenn ich den Ball mal nicht ganz sauber treffe. Die Beschleunigung des Schlägerkopfes durch den Ball hindurch ist für mich eine der wichtigsten Voraussetzungen für gutes Putten.

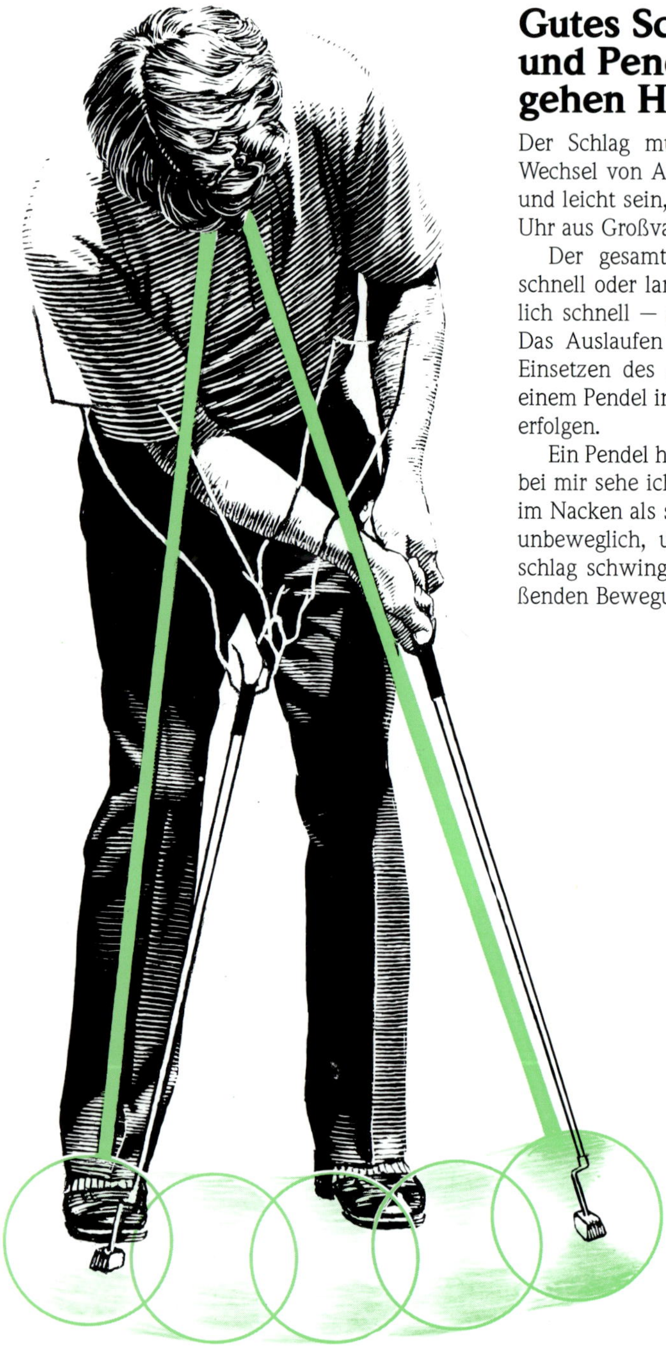

Gutes Schwungtempo und Pendelrhythmus gehen Hand in Hand

Der Schlag muß rhythmisch ablaufen. Der Wechsel von Auf- zu Abschwung muß weich und leicht sein, so wie der Pendelschlag einer Uhr aus Großvaters Zeiten.

Der gesamte Ablauf des Schlages kann schnell oder langsam sein – meiner ist ziemlich schnell – solange er nur rhythmisch ist. Das Auslaufen des Rückschwunges und das Einsetzen des Abschwunges sollten wie bei einem Pendel in der gleichen Geschwindigkeit erfolgen.

Ein Pendel hat einen festen Rotationspunkt; bei mir sehe ich die Spitze meines Rückgrates im Nacken als solchen an. Dieser Punkt bleibt unbeweglich, und mein Arm- und Schulterschlag schwingt um ihn herum, in einer fließenden Bewegung, vor und zurück.

Wie Sam Snead sagt: „Höre auf den Plumps des Balles."

Jeder Golfer ist ängstlich und schaut immer wieder zu früh auf. Um das auszuschalten, sollte man so lange warten, bis man den Ball ins Loch plumpsen hört. Das ist einer von Sam Sneads Ticks: Er schaut nicht auf, bis er den Ball – hoffentlich – ins Loch fallen hört.

Vor allem bei entscheidenden Putts sollten Sie sich dazu zwingen, nicht aufzuschauen, bevor der Ball nicht wirklich aus Ihrem Blickfeld verschwunden ist. Bei kurzen Putts, bei denen man besonders gern aufschaut, sollte man damit unbedingt so lange warten, bis der Ball an seinem jeweiligen „Bestimmungsort" angekommen ist. Sie verhindern nämlich dadurch auch, daß Ihr Kopf sich hebt oder verdreht, was sich wiederum auf die Schulterhaltung, und damit auf die Richtung des Putts auswirkt. Auch der ganze Körper wird dann viel leichter stillgehalten, und Sie laufen nicht Gefahr, den Schlag durch den Ball hindurch zu verlangsamen. Dazu zähle ich in Gedanken langsam „eins", bevor ich dem Ball nachschaue.

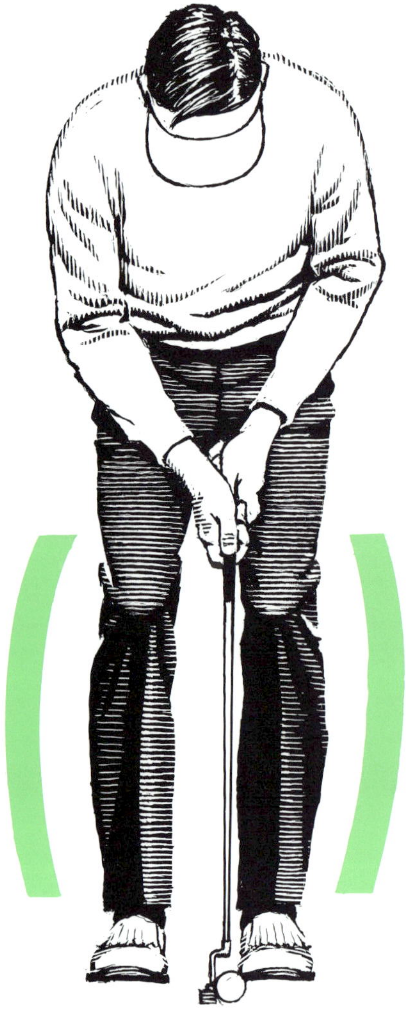

Nehmen Sie sich Palmers stillgehaltenen Kopf und Archers gebeugtes Knie zum Vorbild

Hier sind zwei grundverschiedene Puttkonzepte, die sich beide außerordentlich bewährt haben. In beiden Fällen sind die Bewegungen des Körpers auf ein Minimum reduziert; eine wichtige Voraussetzung für den Erfolg. Die Ausnahme sind lange Putts, bei denen die Beine etwas in den Schlag kommen müssen, um ihn richtig durch den Ball hindurchzuführen.

Arnold Palmer ist berühmt für seinen x-beinigen Stand. Sein Putten ist so sicher, weil er den Kopf vollständig stillhält und kein bißchen bewegt. Fällt es Ihnen dagegen schwer, bei kurzen und mittleren Putts Ihre untere Körperhälfte stillzuhalten, so biegen Sie doch mal Ihre Beine in der Weise ab wie George Archer.

Putten im Wind: Beugen Sie sich mehr über den Ball und erweitern Sie Ihren Stand

Starker Wind erschwert das Putten ganz erheblich. Er läßt Sie hin- und herschwanken, und Sie haben das Gefühl, auf ein sich bewegendes Ziel zu schießen.

Ein fester Stand ist aber lebenswichtig. Ich setze meine Beine weiter auseinander und beuge mich über den Ball, um mich dadurch gewissermaßen zu verankern. Pfeift der Wind über das Grün, so bin ich immer ganz froh, nur 1.73 Meter groß zu sein und nicht 1.85 Meter, aber ich würde dafür gerne 20 Kilo mehr wiegen. Diese Haltung kann einen vollen Schwung erschweren; aber Sie sollen ja beim Putten vor allem die Körperbewegungen auf ein Minimum reduzieren.

Die innere Einstellung

Wir haben uns in diesem Kapitel hauptsächlich mit dem mechanischen Ablauf des Putts beschäftigt; und dieser Aspekt verdient auch unsere ganze Aufmerksamkeit. Ich möchte Sie aber davor warnen, nur an diesen mechanischen Ablauf zu denken, wenn Sie bei einem Turnier auf dem Platz stehen und es um einige Dollars geht. Durch intensives Üben und längere Praxis sollte der mechanische Ablauf Ihnen dann schon in Fleisch und Blut übergegangen sein. Stehen Sie nämlich erst einmal am Ball, so können zu viele Gedanken an den Ablauf des Schlages ihn selbst leicht in Gefahr bringen.

Was Sie wollen, sind ein klarer Kopf und ein fester entschlossener Schlag. Ich persönlich konzentriere mich einzig und allein darauf, den Schlägerkopf durch den Ball hindurch zu beschleunigen und den Ball sauber, das heißt mit dem Sweet Spot meines Putters zu treffen.

Die Konzentration auf das saubere Treffen ist ein positiver Gedanke und schaltet irgendwelche negativen Überlegungen aus.

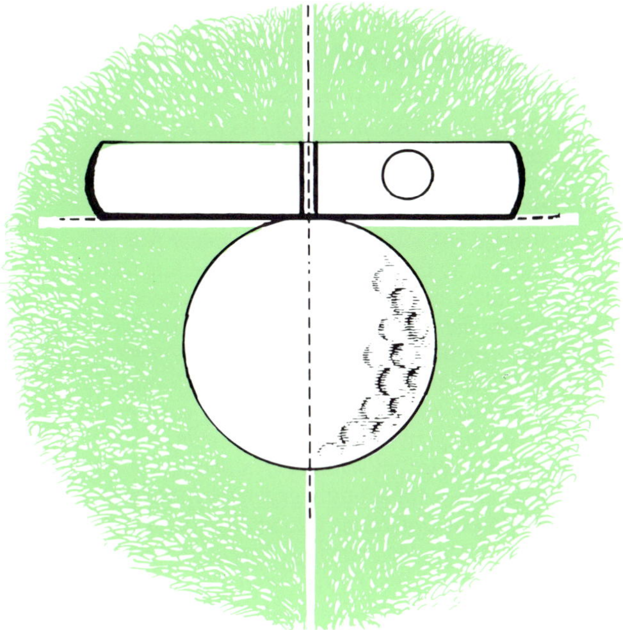

Ziehen Sie zur Überprüfung Ihrer Ausrichtung auf das Ziel zwei sich kreuzende Linien

Viele Golfer haben keine Ahnung, ob ihr Putter richtig ausgerichtet ist oder nicht. Um nun sicherzugehen, daß Ihr Schlägerblatt wirklich square hinter dem Ball steht, sollten Sie mit einer Schnur oder Kreide zwei sich kreuzende Linien auf dem Übungsgrün anbringen, ohne dabei den Rasen zu beschädigen. Dabei muß die vertikale Linie genau zum Loch zeigen (wir sprechen von einem geraden Putt). Legen Sie nun den Ball auf den Kreuzungspunkt der beiden Linien, und setzen Sie den Putter auf der horizontalen Linie square hinter den Ball.

Beschleunigen Sie Ihren Putter zwischen zwei Balken

Ich putte meinen Ball mit einem kurzen trockenen Schlag. Der Schläger wird im Rückschwung von der linken Hand geführt, sie bestimmt auch den Richtungswechsel in den Abschwung, und die rechte Hand beschleunigt den Schlägerkopf dann durch den Ball hindurch.

Schwingen Sie den Schlägerkopf also kurz zurück, und schwingen Sie ihn dann schneller werdend weit durch den Ball hindurch. Dieses „Auf-der-Linie-Beschleunigen" können Sie sehr gut zwischen zwei Balken oder Schlägern üben, die parallel und etwas weiter auseinanderliegen als Ihr Schlägerblatt lang ist. Üben Sie kurze Putts in dieser festen Bahn, und lernen Sie dabei, den Schlägerkopf genau auf dieser festgelegten Linie zu beschleunigen.

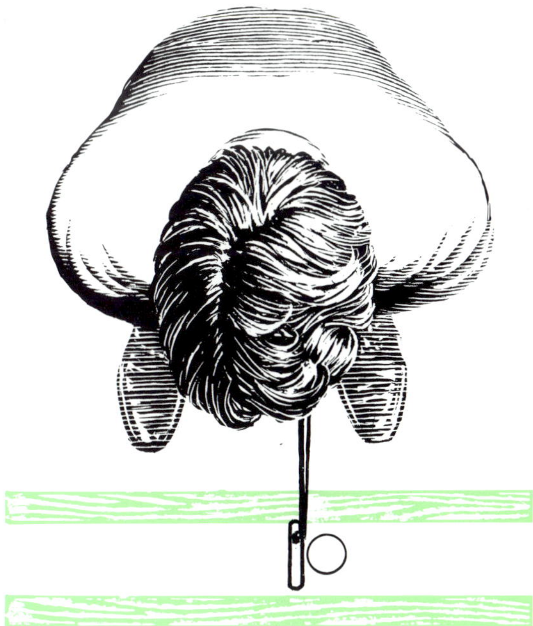

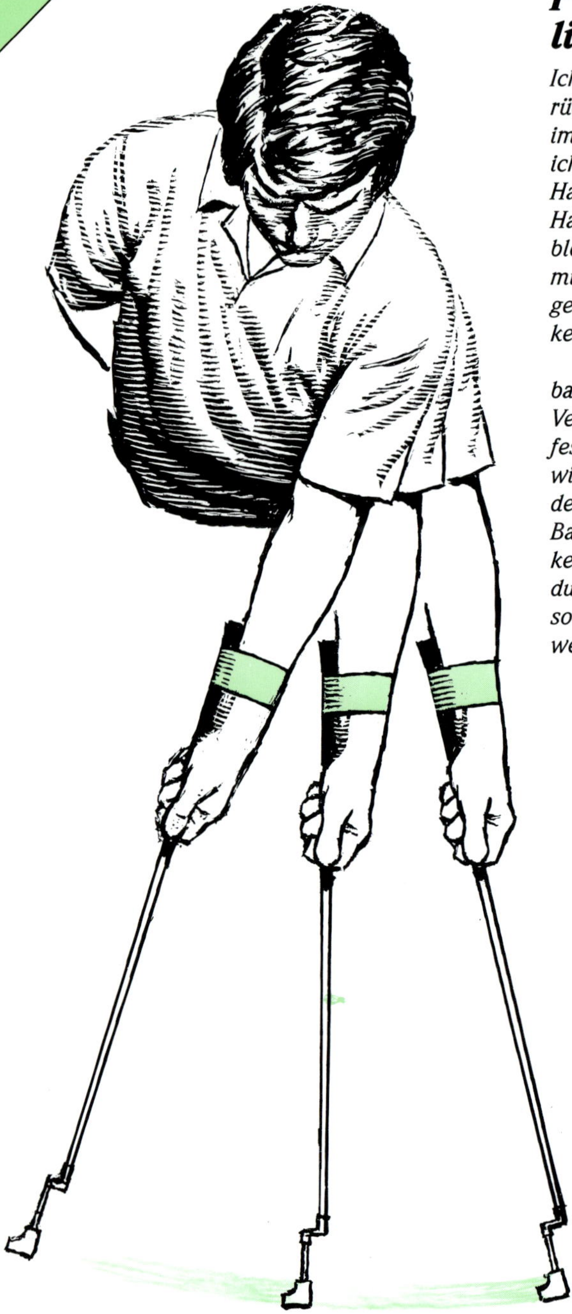

Putten nur mit dem linken Arm

Ich führe den Putter mit der linken Hand zurück und ebenso mit der linken Hand dann im Schlag durch den Ball hindurch; obwohl ich dabei das Gefühl habe, mit der rechten Hand zu schlagen. Linke Hand und linkes Handgelenk müssen im Schlag immer fest bleiben. So übe ich kurze Putts ausschließlich mit dem linken Arm, um dadurch sicherzugehen, den Schlag auch wirklich mit dem linken Arm durch den Ball hindurchzuführen.

Manchmal ziehe ich ein Tennisschweißband über Handgelenk und Putter, um die Verbindung zwischen Arm und Schläger zu festigen, oder ich schnalle den Schläger – so wie auf der Abbildung – gegen die Innenseite des linken Unterarms und schlage dann den Ball. Achten Sie unbedingt darauf, den linken Arm mit dem Putter durch den Ball hindurch zu beschleunigen, den Rückschwung so kurz wie möglich zu halten, aber dennoch weich durch den Ball hindurchzuschwingen.

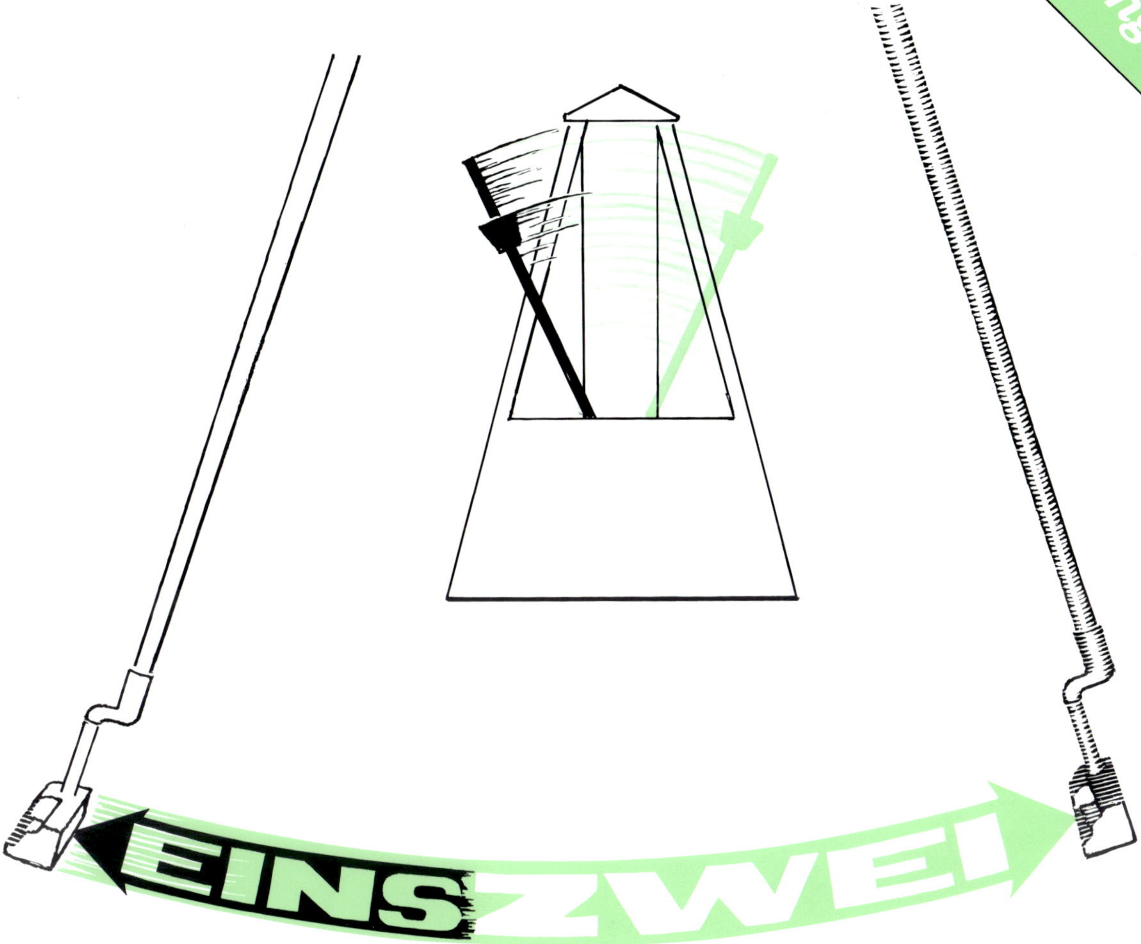

Für einen weichen Schwungablauf zählen Sie am besten bis zwei

Die Eselsbrücke für das Schwungtempo sollte so einfach wie möglich sein – so wie das Zählen „eins – zwei" (wobei ich Lawrence Welk um Vergebung bitte). Jeder Dummkopf, der das kann, ist auch in der Lage, einen weichen Schlag auszuführen, das heißt, „eins" beim Rückschwung und „zwei" beim Durchschwung.

Auch ich zähle beim Üben so, und sogar mit lauter Stimme. Achten Sie aber darauf, daß Sie im Treffmoment nicht schon bei „eineinhalb" sind. Denken Sie dabei an ein Metronom, das stets gleich und mit ruckfreiem Richtungswechsel schwingt. Genau so sollte Ihr Puttschwung ablaufen.

JA

NEIN

Begrenzen Sie Ihren Rückschwung durch einen „Bremsklotz"

Beschleunigen ist beim Putten außerordentlich wichtig; und Sie können das üben, indem Sie den Rückschwung absichtlich verkürzen und den Durchschwung entsprechend verlängern. Stecken Sie zu diesem Zweck ein Tee gegenüber Ihrer rechten großen Zehe in den Boden. Das ist der „Bremsklotz". Machen Sie jetzt einen kurzen, kompakten Schlag. Treffen Sie dabei im Rückschwung das Tee, so war der Schwung zu lang. Finden Sie heraus, wie sicher und bis zu welcher Entfernung Sie Ihren Ball mit dem kürzestmöglichen Rückschwung putten können. Je kürzer nämlich Ihr Schlag ist, desto geringer ist die Gefahr, daß der Schlägerkopf sich auf- oder zudreht und der Putt schief wird. Hüten Sie sich vor einem ruckartigen Richtungswechsel zwischen Rück- und Durchschwung. Ein kurzer Schlag ist nur so lange gut, wie er auch weich abläuft.

Üben Sie Ein-Meter-Putts rund um das Loch herum

Als ich anfing, kurze Putts auszulassen, zeigte mein Vater mir eine sehr nützliche Übung: Man legt 20 Bälle in einem Kreis und in einem Meter Abstand ums Loch herum und versucht, alle einzulochen. Die Übung ist auf einem hängenden Grün besonders sinnvoll, weil man dann alle Arten von Ein-Meter-Putts üben kann: aufwärts, abwärts, seitlich von links nach rechts und von rechts nach links und alle dazwischenliegenden Kombinationen.

Da jeder Putt eine neue Stellung am Ball verlangt, müssen Sie sich darauf besonders konzentrieren. Gerade ein schwacher Putter wird sein Spiel durch diese Übung mit Sicherheit verbessern.

Versuchen Sie, lange Putts in einem Kreis „innerhalb des Leders" ums Loch herum zu spielen

Sie kennen wahrscheinlich den Ausdruck „innerhalb des Leders". Man hört ihn häufig bei Wochenendspielen unter Freunden, wenn Putts geschenkt werden, die vom Loch aus gesehen innerhalb des Griffendes eines Putters liegen. Man braucht nur das Schlägerblatt ins Loch zu stecken, um dann mit dem Putter zu messen, ob der betreffende Putt gut war.

Um also die langen Putts zuverlässiger zu machen und die „Drei-Putt-Plage" zu reduzieren, sollten Sie sich bemühen, die Bälle aus 10 bis 15 Metern Entfernung in diesen Kreis „inside the Leather" zu spielen. Versuchen Sie nicht einzulochen, spielen Sie nur in diesen gedanklichen Kreis ums Loch herum, so daß keiner der zweiten Putts länger als ein Meter ist. Ich verdanke diese Übung Jackie Burke, der sie praktizierte, als er 1956 die Masters gewann und dabei nur ein einziges Mal drei Putts benötigte.

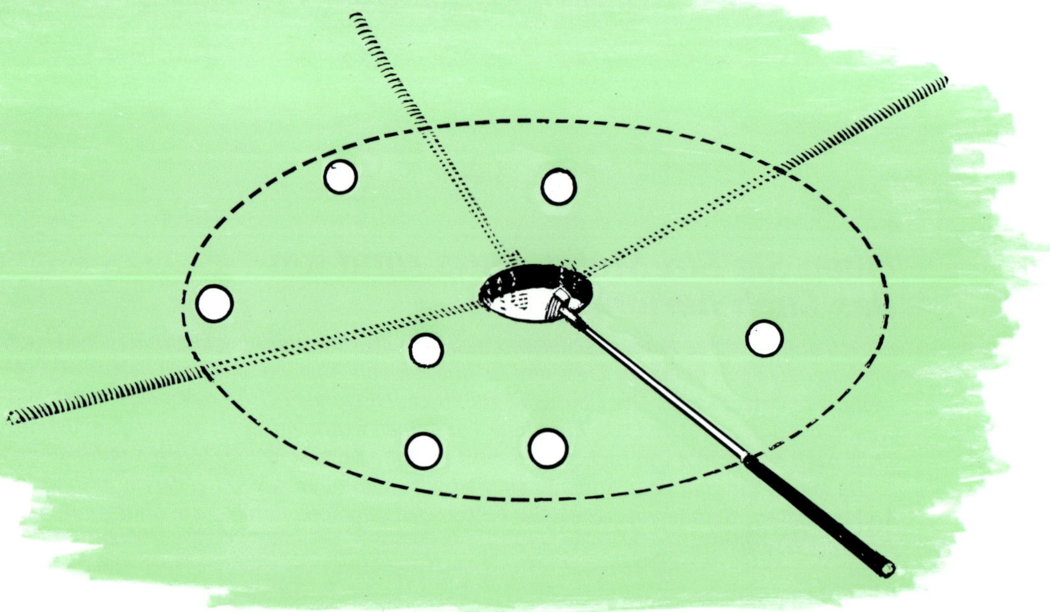

Putten Sie drei Bälle – die beiden letzten mit verbundenen Augen

Mit zunehmender Distanz wird die richtige Länge der Putts wichtiger als die Richtung. Richtiges Zielen lernt man fast von allein, die richtige Geschwindigkeit eines Putts zu bestimmen, erfordert dagegen systematisches Üben. Aus falsch gesehener Richtung werden viel seltener drei Putts als aus der falsch beurteilten Distanz und dem schlechten Treffen des Balles.

Wenn ich gut in Form bin, kann ich aus einer Entfernung von 10 bis 12 Meter einen Ball normal zum Loch spielen, dann den zweiten mit verbundenen Augen und den ersten Ball dann mit dem zweiten treffen. Das ist eine vorzügliche Übung. Es geht auch mit drei Bällen, die beiden letzten mit verbundenen Augen. So prägt sich Ihnen das Gefühl für die Distanz ein, und Sie lernen es, den Ball immer wieder mit dem gleichen festen Schlag zu spielen.

Putten Sie auf Ziele in unterschiedlicher Entfernung

Eine weitere Übung zur besseren Abschätzung der Entfernung besteht darin, Bälle auf verschiedene Ziele zu putten, die jeweils etwa einen Meter voneinander entfernt liegen, das nächste vielleicht fünf und das weiteste 15 Meter entfernt. (Zur Festlegung der Entfernung können Sie Tees in das Übungsgrün stecken.) Fangen Sie mit dem am nächsten liegenden Ziel an, dann weiter bis zum entferntesten, und danach das ganze wieder zurück. Wollen Sie es noch besser machen, so können Sie die Ziele auch ohne feste Reihenfolge anspielen; aber jeden einzelnen Putt mit voller Konzentration! Bei jedem einzelnen Putt müssen Stellung am Ball und Zielansprache genau beachtet werden. Dies beides muß allmählich zur Routine werden, genauso wie das richtige Abschätzen der Entfernung.

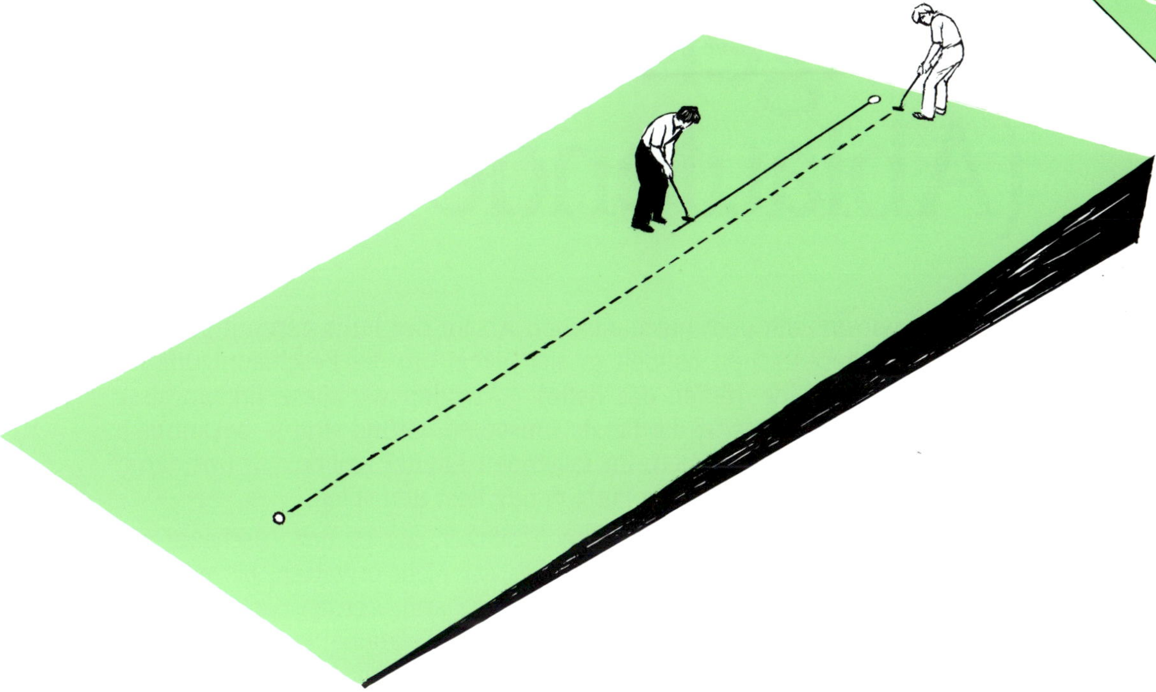

Üben Sie Aufwärts- und Abwärtsputts

Das ist meiner Ansicht nach die beste Methode zur Erlangung eines sicheren Puttgefühls, und Putten ist schließlich fast nur eine Frage des Gefühls. Sie lernen so das richtige Abschätzen der Entfernung; und das gilt für Anfänger genauso wie für erfahrene Spieler. Versuchen Sie es zuerst mit einem etwa 10 Meter langen Aufwärtsputt, und zwar zehnmal hintereinander. Prägen Sie sich dabei Gefühl und Stärke dieses Schlages genau ein. Kümmern Sie sich dabei nicht so sehr, wohin der Ball tatsächlich geht, wichtig ist nur ein fester, gut durchgeführter Schlag. Jetzt der gleiche Putt, aber zurück und abwärts, und wiederum zehn Bälle mit einem festen und gut durchgeführten Schlag so wie beim Aufwärtsputt. Sie werden sehen, wie weit die Bälle über das Ziel hinausgehen, und damit die erste wertvolle Erfahrung in der Bestimmung der richtigen Schlagstärke und -geschwindigkeit gewinnen.

Wiederholen Sie dann das gleiche auf kürzere Entfernungen: sieben Meter, fünf Meter, drei Meter, anderthalb Meter; zuerst aufwärts, dann abwärts, immer mit dem gleichen festen Schlag. Dann noch einmal das gleiche, aber zuerst abwärts und dann aufwärts, und achten Sie darauf, wieviel die Aufwärtsputts zu kurz bleiben.

Instinkt kann entwickelt werden, Gefühl kann man lernen; diese Übung beweist es.

Hängende Putts (Ablaufende Putts)

Nachdem wir uns mit dem mechanischen Ablauf des Putts vertraut gemacht haben – im wesentlichen handelt es sich dabei um die Beschleunigung im Schlag und das solide Treffen des Balles –, wollen wir diese Erkenntnisse nun auf richtigen Grüns in die Praxis umsetzen. Grüns sind ja bekanntlich dazu angetan, uns zu täuschen. Im folgenden Kapitel wollen wir uns damit beschäftigen, wie man hängende Putts richtig liest und spielt.

Viele Grüns auf unserer Tour hängen stärker, als es der Zuschauer am Fernsehschirm erkennen kann. Ich kann es gar nicht erwarten, bis wir endlich dreidimensionales Fernsehen bekommen. Dann werden Sie erst erkennen, womit wir auf einem Platz wie dem Augusta National konfrontiert werden. Auf dem Fernsehschirm scheinen alle Mastersgrüns eben zu sein; dabei gibt es auf dem ganzen Platz nicht einen einzigen längeren wirklich geraden Putt. Die Leute fragen manchmal, wieso wir einen Zwei-Meter-Putt auslassen können. Nun, dieser Zwei-Meter-Putt kann unter Umständen 40 Zentimeter und mehr ablaufen!

Ein kleiner freundschaftlicher Rat: Lesen Sie Ihre Putts prompt und schnell. Das Herumtrödeln auf den Grüns ist eine Hauptursache für langsames Spiel. Schauen Sie sich Ihren Putt also an, sobald Sie auf dem Grün sind. Beobachten Sie auch die anderen Putts genau, vor allem diejenigen, die in Ihrer eigenen Richtung verlaufen. Auch die kleinste Information kann nützlich sein.

Studieren Sie das Grün, während Sie darauf zugehen

Wenn Sie nach Ihrem Annäherungsschlag auf das Grün zugehen, so können Sie sich dabei bereits das erste Bild von dem bevorstehenden Putt machen. Je nach Lage und Gestaltung des Platzes hat jedes Grün eine generelle Neigung, die Sie aus einer Entfernung von 40 Metern besser erkennen können als aus unmittelbarer Nähe.

Diese generelle Neigung gibt Ihnen den ersten – und manchmal wichtigsten – Hinweis für die Geschwindigkeit des vor Ihnen liegenden Putts.

Achten Sie auf das Ausrollen Ihrer Chips

Rufen Sie sich bei einem kurzen Annäherungsschlag den Eindruck ins Gedächtnis zurück, den Sie aus der Entfernung von der Neigung des Grüns hatten. Zuviele Golfer spielen diese kurzen Annäherungen gerade auf die Fahne, während sie einen langen Putt niemals so lässig ausführen würden. Kalkulieren Sie also die Neigung des Grüns bei der Annäherung genauso ein, wie Sie es bei einem Putt tun würden. Nachdem der Ball bei dem Chip dann auf dem Grün aufgesetzt hat, sollten Sie genau darauf achten, wie er im Ausrollen abläuft. Die Erkenntnis aus diesem Schlag wird die Ausführung des nachfolgenden Putts erleichtern.

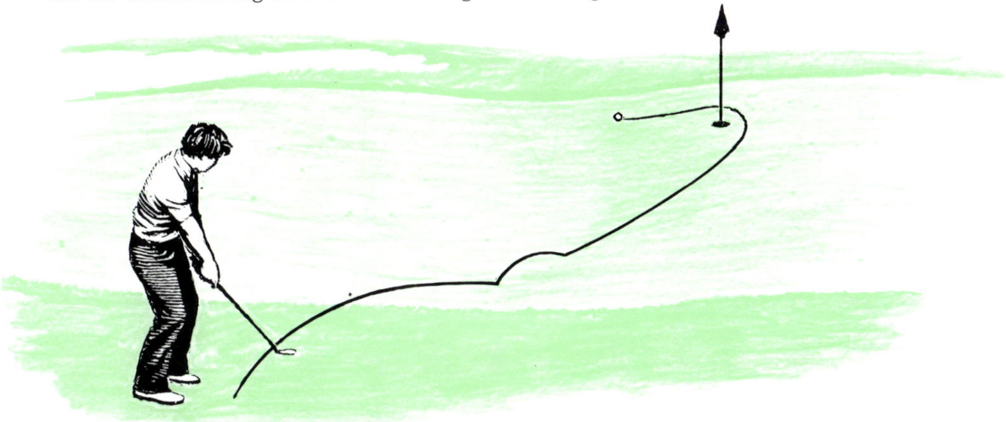

„Lesen" Sie die Putts mit Ihren Füßen

Das Puttinggrün ist buchstäblich die einzige Stelle, an der Sie den ganzen Schlag überschauen können – nutzen Sie diese Chance! Die Mehrzahl aller Golfer verläßt sich beim Lesen eines Putts ausschließlich auf die Augen. Man sollte aber möglichst viele „Sinne" dabei einsetzen; und ich erfahre zum Beispiel viel über einen vor mir liegenden Putt, indem ich ihn „mit meinen Füßen fühle". Ich gehe nahe meiner Puttlinie vom Ball zum Loch, studiere dabei die Grünfläche und fühle mit meinen Füßen, nach welcher Seite sie hängt.

Ich schaue mir den Putt auch gerne von allen Seiten an, also von hinter dem Ball, hinter dem Loch und von der Seite. Dabei ducke ich mich so tief wie möglich – am liebsten würde ich mich auf den Bauch legen, wenn das Grün und meine Kleider nicht darunter leiden würden – und halte die Augen genau parallel zum Boden. Die wertvollsten Hinweise bekomme ich aber durch das Abschätzen der Puttlinie.

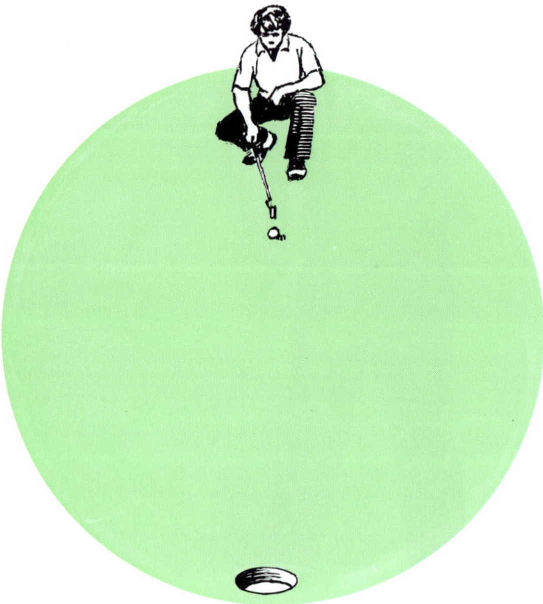

Geben Sie stets der „Pro-Seite" den Vorzug

Jeden Mittwoch höre ich mindestens von einem Pro-Am-Partner mit höchst überraschtem Ausdruck die Worte: „Mit so viel Break putten Sie? Das gibt's doch gar nicht!" Auf dem Broadmoor West Course in Colorado spielte ich einmal einen 20-Meter-Putt mit acht Meter Break.

Die meisten Wochenendgolfer haben die bedauerliche Angewohnheit, das Ablaufen (den Break) eines Putts zu gering einzuschätzen und in den Schlag selbst dann auch zu wenig Break einzukalkulieren. Ich spiele dagegen eher mit viel Break. Auf diese Weise hat mein Ball, kurz bevor er zum Stillstand kommt, zumindest die Chance, von oben her ins Loch zu fallen. Von unten ist das aber ausgeschlossen. Natürlich kann ein Putt auch an der „Pro-Seite" vorbeigehen. Dann wurde er mit zuviel Break gespielt. Aber das ist in jedem Fall besser als das Gegenteil.

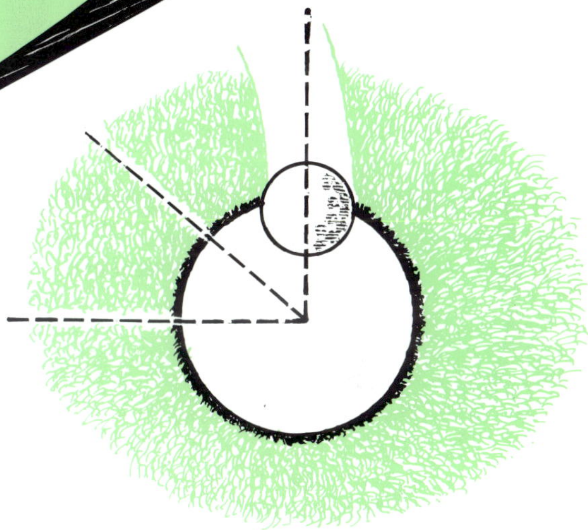

Stellen Sie sich vor, daß die Mitte des Loches sich gewissermaßen „verschiebt"

Bei allen hängenden Putts sollten Sie berücksichtigen, daß sich die Mitte des Loches sozusagen „verschiebt". Das muß auch in Ihrem Putt zum Ausdruck kommen. Bei hängender Lage wird die „hohe Seite" des Loches das Zentrum und von dorther soll der Ball auch ins Loch fallen. Ich habe es sogar schon erlebt, daß ein Ball buchstäblich von hinten ins Loch fiel.

Liegt der Ball auf einem seitlich abfallenden Grün und dürfen Sie ihn aus dieser Lage nur ganz leicht schlagen, so müssen Sie daran denken, daß Ihr Ball nach dem Treffen sofort zur Seite abfallen wird. Bei einem Abwärtsputt von zwei Metern — und zehn Zentimeter Break — kann es a conto der Hanglage nötig sein, 30 Zentimeter Break einzukalkulieren.

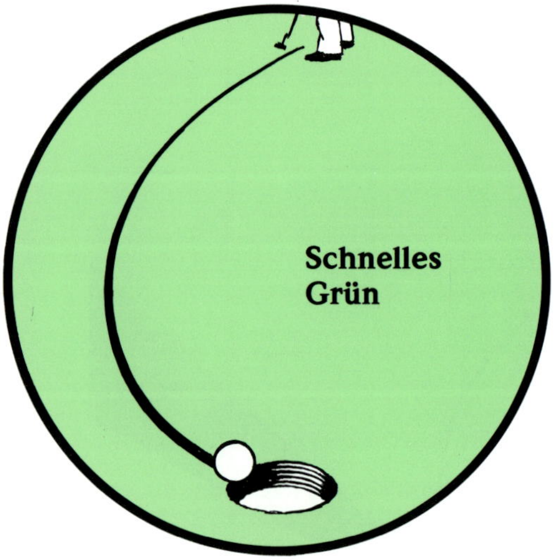

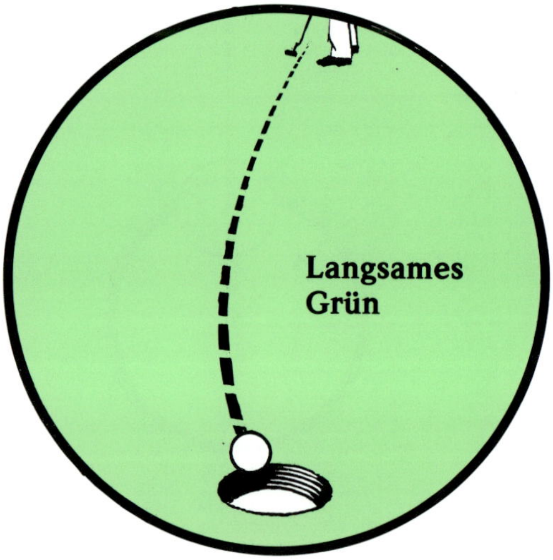

Der Break wird weitgehend von der Schnelligkeit des Grüns bestimmt

Das ist eine Tatsache, die man im Auge behalten muß. Der Ball wird auf schnellen Grüns grundsätzlich stärker ablaufen als auf langsamen Grüns, weil Sie den Ball weniger stark schlagen, und weil der Ball beim Langsamerwerden sehr viel stärker abdrehen wird. Bei einem Abwärtsputt auf einem schnellen Grün wird dieser Effekt noch stärker sein.

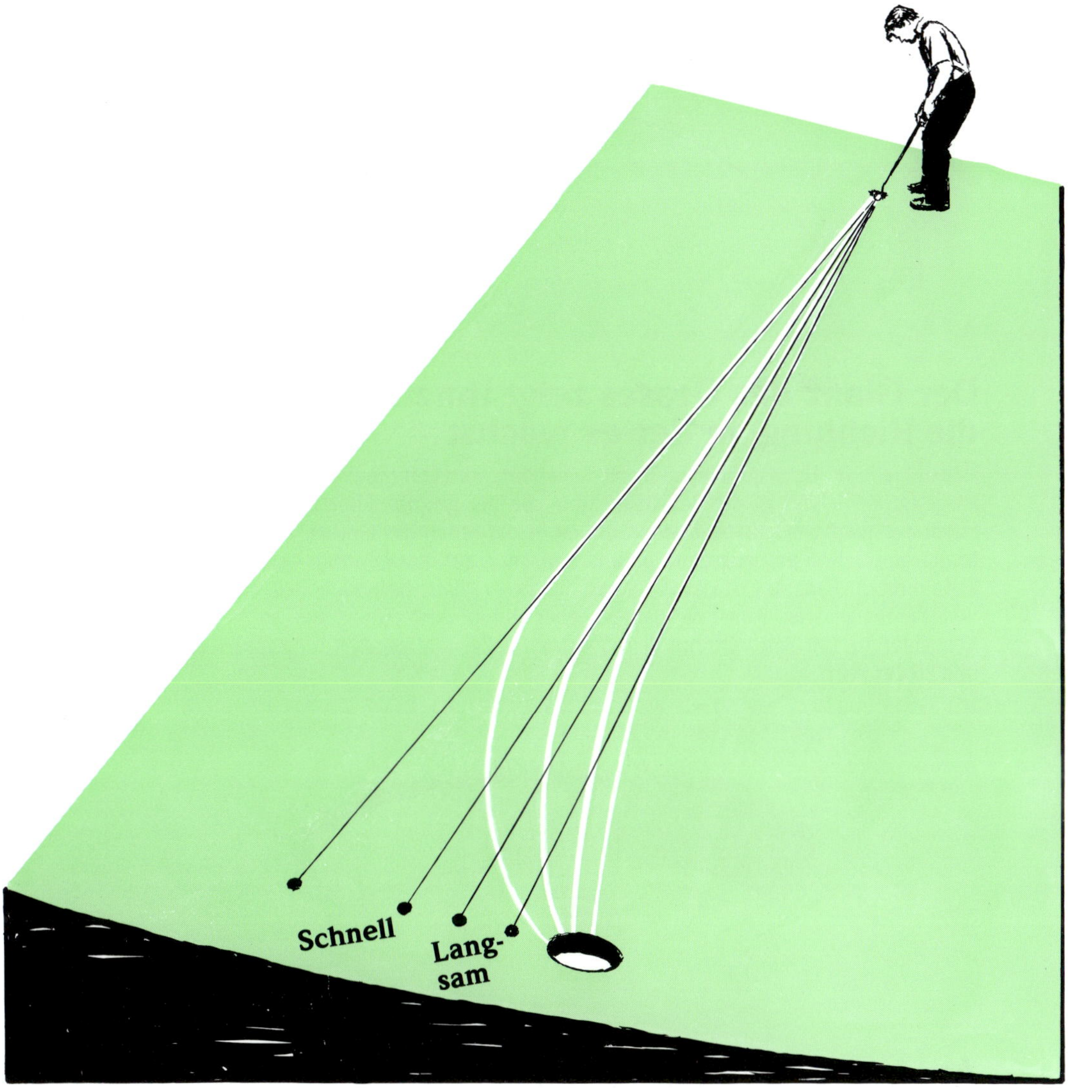

Wieviel Break soll man einkalkulieren?

Hier haben wir wieder den von rechts nach links ablaufenden Putt – etwa acht Meter lang – auf Grüns unterschiedlicher Schnelligkeit. Je schneller das Grün ist, desto mehr Break werden Sie einkalkulieren. Ein Putt, der auf einem langsamen Grün 2.5 Zentimeter abläuft, kann auf einem schnellen fast 40 Zentimeter ablaufen. Da die Geschwindigkeit von einem Grün zum anderen wechselt, konzentriere ich mich ganz darauf, dem Ball die nötige Länge zu geben, weil ich auf gar keinen Fall zu kurz bleiben will.

Der Glanz des Grases zeigt Ihnen die Richtung, in der es wächst

Haben Sie je im Haus auf einem Teppich geputtet, von dem Sie annahmen, daß er völlig eben ausgelegt sei – und ist der Ball dabei stets von der geraden Linie abgelaufen? Das liegt am Strich des Teppichfadens. Auf dem Grün ist es der Strich des Grases, das heißt die Richtung, in der es wächst. Bei langsamen Grüns muß man auf diesen Strich besonders achten. Man kann ihn am Glanz des Grases erkennen. Ist dieser Glanz besonders hell, so wächst das Gras vom Beschauer weg. Schaut es dagegen eher stumpf oder dunkel aus, so wächst es auf den Betrachter zu. Der Ball wird mit dem Strich schneller und gegen ihn entsprechend langsamer und kürzer sein.

Am Lochrand müssen Sie den Strich des Grases besonders beachten

Ich habe es mir zur Gewohnheit gemacht, bei der Beurteilung eines Putts die Gegend ums Loch herum genau auf den Strich des Grases zu überprüfen. Das Gras wächst in seiner Strichrichtung über die Lochkante hinaus; hängt auf dieser Seite also leicht über die Lochkante, während auf der gegenüberliegenden Kante eher etwas Erde herausschaut. Am Lochrand selbst aber wird der Ball naturgemäß immer langsamer und reagiert daher umso stärker auf den Strich des Grases.

Hüten Sie sich vor der durch den Rasenmäher verursachten Strichrichtung

Haben Sie es je erlebt, daß ein längerer Putt auf seinem Weg zum Loch zuerst in die eine und dann in die andere Richtung ablief? Das liegt an den durch den Rasenmäher verursachten unterschiedlichen Strichrichtungen des Grases. Rasenmäher bewirken nämlich, daß das Gras sich in die jeweilige Schnittrichtung legt. Rasenmäher hinterlassen beim Vor- und Zurückfahren einen leicht zu erkennenden hellen oder dunklen Streifen. Er ist bei den großen Mähern, auf denen der Fahrer sitzt, etwa einen Meter breit, und bei den geschobenen, kleinen Maschinen beträgt er etwa die Hälfte. Diese Streifen zeigen Ihnen die Strichrichtung des Grases.

Auf langsamen Grüns kann das kritisch sein, weil das Gras länger ist, und die jeweilige Strichrichtung eine größere Wirkung auf den Lauf des Balles hat.

Haben Sie zum Beispiel einen Drei-Meter-Putt auf einem langsamen Grün vor sich und müssen ihn durch drei Mäherstreifen hindurchputten, so müssen Sie vor allem die beiden Streifen einkalkulieren, bei denen der Strich in der gleichen Richtung verläuft.

Suchen Sie sich einen Zielpunkt

Habe ich mich für das Ausmaß des Breaks entschieden, so suche ich mir einen Zielpunkt rechts bzw. links vom Loch. Läuft der Putt – so wie auf dem Bild – etwa 30 Zentimeter nach links ab, so liegt mein Zielpunkt 30 Zentimeter rechts vom Loch.

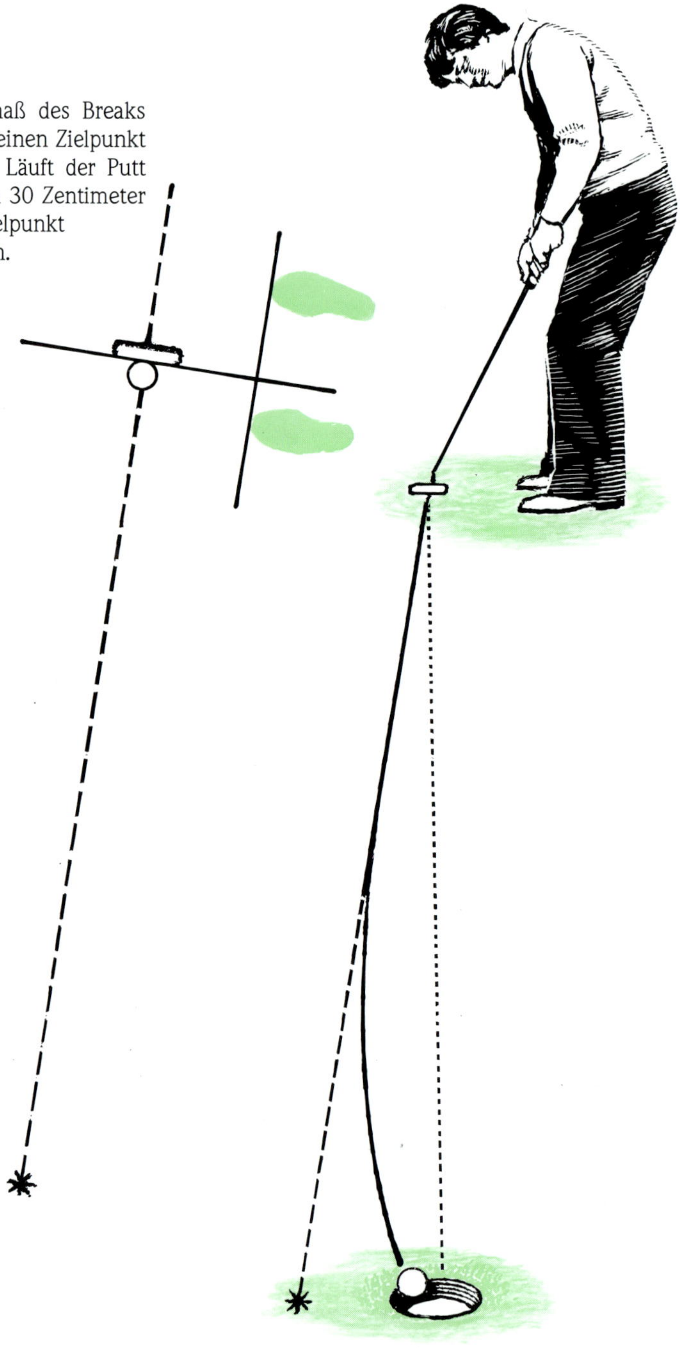

Ihr Caddie kann Ihnen bei der Zielansprache helfen

Habe ich den Zielpunkt für den Putt bestimmt, so bitte ich meinen Caddie, Bruce Edwards, sich so „oberhalb" vom Loch hinzustellen, daß ich ihn als Zielpunkt ansprechen kann; in diesem Fall ist es sein rechter Fuß. Genau auf diesen Punkt spiele ich dann meinen Putt.

Spielen Sie bei starkem Break auf einen vorbestimmten Punkt

Bei vielen Grüns auf unserer Tour müssen wir mit sehr viel mehr Break rechnen, als die Füße des Caddies anzeigen könnten. Am 16. Loch in Pebble Beach mußte ich am letzten Tag der Offenen von 1982 einen 17-Meter-Putt mit einem Break von vier Metern spielen. Bei einem langen und so stark ablaufenden Putt sollte man sich einen Punkt suchen auf der gedachten Puttlinie, näher zum Ball als zum Loch. Und dann spielen Sie den Ball genau über diesen Punkt. Es ist das gleiche Prinzip wie beim Spot-Bowling. Ein Ihnen naheliegender Zielpunkt ist in jedem Fall leichter anzuspielen als ein weit entfernter.

Ich kenne keinen Putt ohne irgendeinen Break

Es gibt kaum einen Putt über zwei Meter, aus dem ich nicht irgendeinen Break herauslese. Ich hatte einmal einen Partner, der seinen Caddie nach der Richtung des Breaks fragte. „Das ist kein Break, der Putt ist gerade", lautete die Antwort. Genau das aber wollte der Spieler nicht hören; er wollte wissen, nach welcher Richtung der Putt ablaufen würde!

Ich spiele einen Putt lieber auf die linke oder rechte Lochkante als auf die Lochmitte. Als Zielpunkt nehme ich einen Grashalm oder sonst etwas geeignetes. Bei genauem Hinsehen findet man immer irgendetwas. Ich mag bei einem Putt einfach einen wenn auch noch so kleinen Break, weil ich mich dann besser auf den Schlag konzentriere und einen größeren Spielraum für Fehler habe.

Wie löst man das Problem eines Doppelbreaks? Durch einfaches Abziehen!

Einer der schwersten Putts für uns alle ist der „double-breaking putt". Der Ball läuft auf seinem Weg zum Loch zuerst nach der einen und dann nach der anderen Seite ab. Man löst das Problem dadurch, daß man die Differenz zwischen den beiden Ablaufgrößen erkennt und bestimmt.

Teilen Sie den Putt in die beiden Ablaufhälften. Beurteilen Sie zuerst den Ablauf des Balles auf dem einen Hang und dann das Ablaufen in der entgegengesetzten Richtung im weiteren Verlauf des Putts. Jetzt ziehen Sie einfach die kleinere Ablaufgröße von der größeren ab und bestimmen dann den Zielpunkt auf der Seite des stärkeren Breaks.

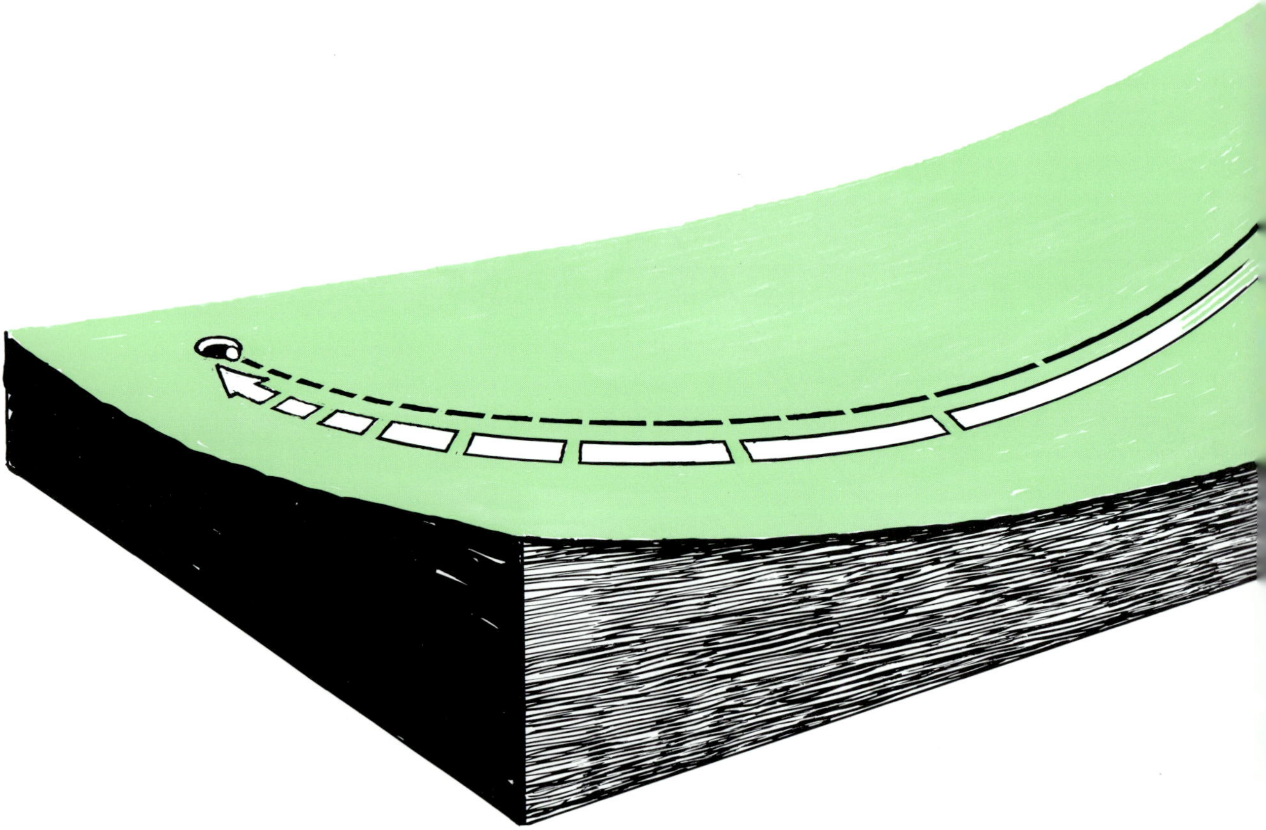

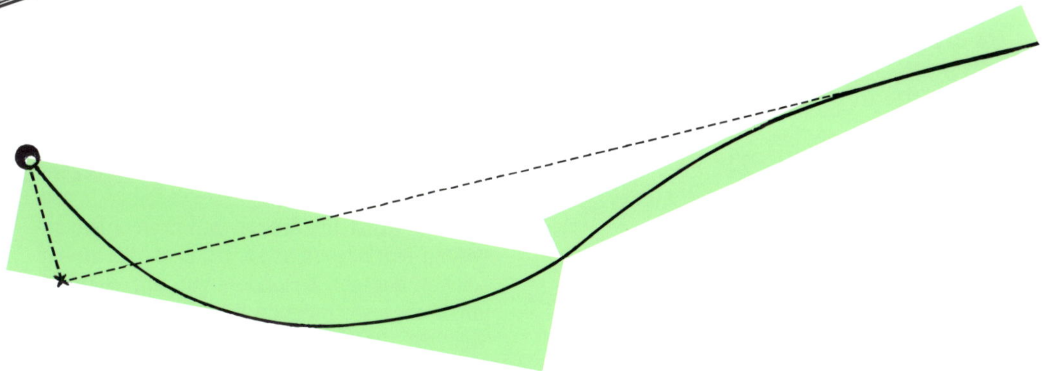

Achten Sie darauf, wie der Ball am Loch vorbeiläuft

Ich bin als aggressiver Putter bekannt, und mein Ball bleibt auch nur selten zu kurz. Natürlich bin ich kein Narr und werde immer versuchen, einen schnellen Abwärtsputt am Loch anhalten zu lassen. Aber generell besteht mein Ruf zu recht. Ein zu langer Putt hat zumindest den Vorteil, daß Sie dabei den Break erkennen, den Sie beim Rückputt dann beachten müssen.

Viele Amateure drehen sich nach einem zu weiten Putt degoutiert ab. Ich passe bei einem solchen dagegen besonders gut auf, weil der am Loch vorbeirollende Putt mir anzeigt, mit welchem Break ich beim Rückputt rechnen muß.

Die innere Einstellung

Richtiges Lesen und Zielen sind zweifellos wichtig; Sie sollten aber von Anfang an daran denken, daß eine positive innere Einstellung zu dem Gelingen Ihres Putts genauso wichtig ist. Wenn Sie von vornherein davon überzeugt sind, daß der Putt danebengehen wird, weil Sie sich in bezug auf die Puttlinie, Schnelligkeit und Schlagstärke im unklaren sind, dann wird er höchstwahrscheinlich auch vorbeigehen. Viele Putts werden ausgelassen, weil der Spieler zu konfus ist oder sich mitten im Schlag anders besinnt. Die Bestimmung der richtigen Puttlinie und ein stets sauberer und fester Schlag sind der erste Schritt zu wirklichem Selbstvertrauen, selbst wenn der eine oder andere Putt danebengeht. Selbstvertrauen aber ist eine Grundvoraussetzung für erfolgreiches Putten.

Putten Sie entlang einer Schnur, um den Break deutlich vor Augen zu haben

Diese von Jerry Pate entwickelte Übung leuchtet mir sehr ein. Er legt eine Schnur entlang der Linie, auf der der Putt seiner Meinung nach zum Loch hin abrollen wird. Er puttet entlang der Schnur und korrigiert ihre Lage analog zu dem tatsächlichen Lauf des Balles. Dann wiederholt er das ganze. Wenn es richtig Spaß machen soll, dann legen Sie die Schnur mal für einen „double-breaking" 13-Meter-Putt aus, und suchen Sie sich dann Ihren Zielpunkt.

Legen Sie mehrere Bälle entlang dieser Linie auf das Grün

Nachdem Sie den weiten Bogen eines Putts erkannt haben, unterteilen Sie die Strecke in Segmente von je einem Meter, und legen Sie an jeden Trennpunkt einen Ball. Putten Sie nun jeden einzelnen Ball, und achten Sie – während Sie sich vom Loch weg rückwärts arbeiten – bei jedem einzelnen Schlag auf die Puttlinie und den Break. Sie werden dann nicht nur den Verlauf des gesamten Bogens besser erkennen, sondern auch den Zielpunkt, und darüber hinaus ein besseres Gefühl für die Kombination Länge/Richtung von ablaufenden Putts bekommen.

Chippen und Pitchen

Der Griff und weitere Aspekte

Wir wollen jetzt vom Grün zurückgehen und uns mit dem Chip und dem Pitch beschäftigen. Wir haben gesehen, daß das Putten gewissermaßen ein Spiel für sich darstellt. Für die Recovery Shots ums Grün herum müssen wir uns jetzt gedanklich und in bezug auf den mechanischen Ablauf des Schlages umstellen, weil wir es jetzt nicht mehr nur mit dem Rollen des Balles zu tun haben, sondern auch mit seinem Flug und seinem Aufsetzen auf dem Grün.

Das kurze Spiel ist gar nicht so schwer, wie vielfach angenommen wird. Der Leitgedanke richtet sich dabei ganz offensichtlich darauf, den Schlag so optimal abzuschätzen, daß man die Chance hat, den Ball so nahe wie möglich ans Loch zu bringen. Dieses Vorausplanen aber vergessen leider die meisten Spieler. Sie nehmen einfach ihren Lieblingsschläger, schwingen und hoffen, daß der Ball irgendwo in der Nähe der Fahne landen möge.

Ein besonders kritischer Aspekt des kurzen Spiels ist das Erkennen und Abschätzen der jeweiligen Entfernung – mit anderen Worten, wie weit der Ball fliegen und wie weit er danach ausrollen soll. Bei gleichbleibendem Schwung werden Fluglänge und Ausrollen des Balles von dem Loft des jeweiligen Schlägers abhängen, außerdem von der Gestaltung, der Bodenbeschaffenheit und Feuchtigkeit des Grüns, und nicht zuletzt auch von Wind und Wetter. Die ganzen Parameter zu erkennen und richtig abzuschätzen ist das Geheimnis oder die Kunst des Golfs. Ich werde sie alle einzeln besprechen; zuerst aber einige generelle Regeln für Chips und Pitches.

- Die Wahl des Schlägers ist beim kurzen Spiel besonders wichtig. Ein erfahrener Spieler, wie der berühmte Bobby Locke, mag in der Lage sein, alle Chips und Pitches mit ein und demselben Schläger, einem Pitching Wedge oder Sand Wedge zu spielen. Die Mehrzahl aller Golfer sollte aber meiner

Meinung nach in unterschiedlichen Situationen und Lagen (darüber später noch mehr) jeweils einen anderen Schläger benutzen. Lassen Sie lieber den normalen Loft des Schlägers zur Wirkung kommen, und versuchen Sie nicht, unterschiedliche und eher schwierige Schwungtechniken zu praktizieren.

- Spielen Sie Chip und Pitch immer auf einen vorher bestimmten Punkt auf dem Grün, so daß der Ball dann von diesem „Landeplatz" zur Fahne hin ausrollen kann. So habe ich schon als Junge geübt und halte es heute noch für die beste Methode, ein sicheres und beständiges Gefühl für die Entfernung zu bekommen.
- Der Ball sollte möglichst immer auf dem Grün aufsetzen. Dadurch vermeiden Sie schiefes Abspringen auf möglicherweise unebenen und tiefen Vorgrüns.
- Der Ball sollte andererseits möglichst nicht auf einem hängenden Teil des Grüns aufsetzen (aufwärts, abwärts oder seitwärts), weil sich dann der Absprungwinkel des Balles beim Aufsetzen nur schwer abschätzen läßt. Suchen Sie dafür also immer eine möglichst ebene Stelle der Grünfläche.

Aber jetzt wollen wir uns auf den eigentlichen Schlag vorbereiten.

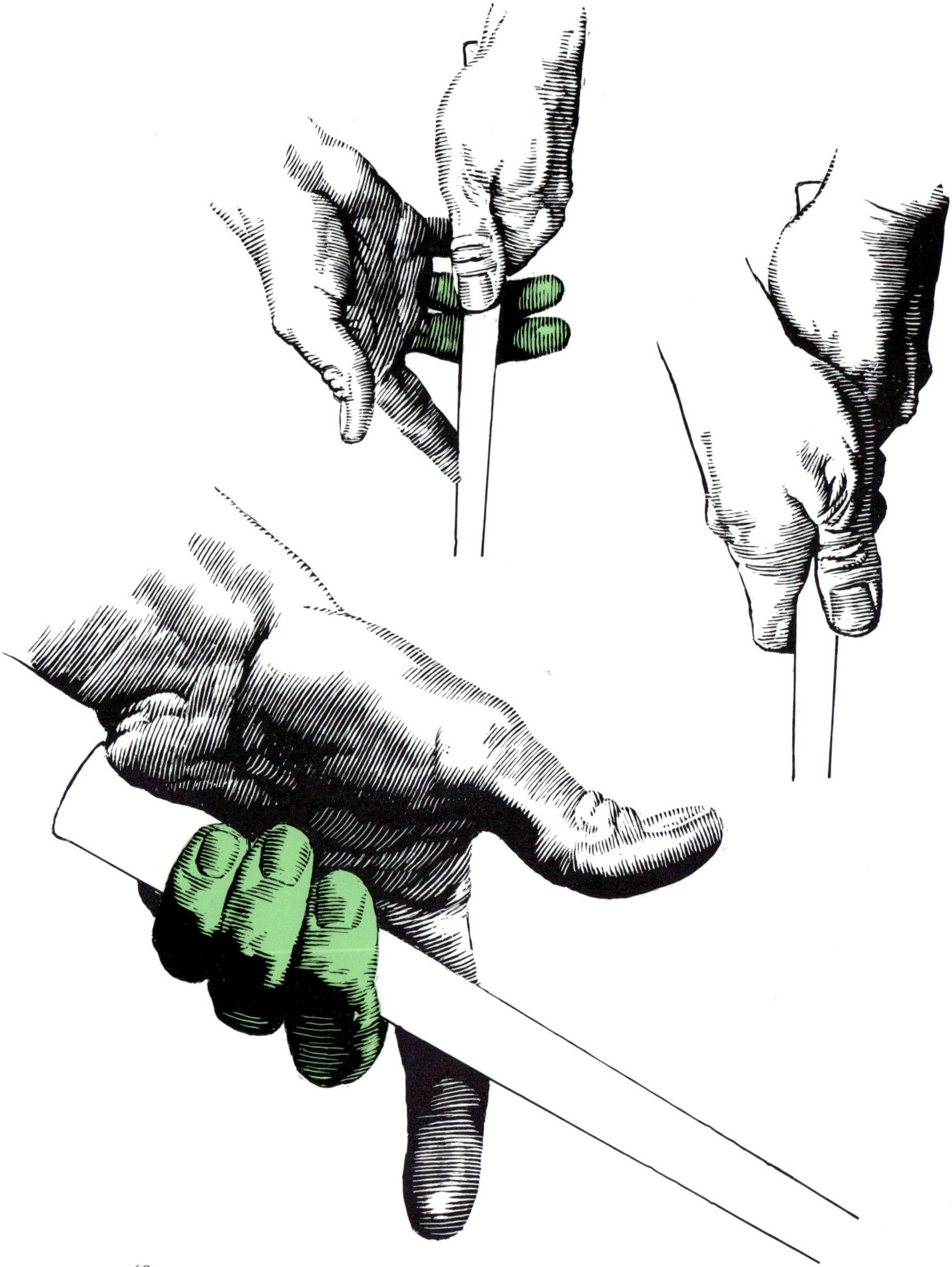

Wie soll man den Schläger halten?

Gutes Golf ist nur möglich, wenn der Griff so sicher ist, daß der Schläger im Schlag nicht aus der Hand rutschen kann. Beachten Sie das nicht, so werden Sie Ihre wirkliche Spielstärke nie erreichen.

Einen kurzen Chip spiele ich manchmal mit dem „Reverse Overlapping Grip", oder mit einem Puttgriff. Die meisten Chips und alle Pitches spiele ich aber mit dem normalen Overlapping Vardon Griff, den ich für besonders hohe oder Bunkerschläge gelegentlich etwas abschwäche. Beim Vardon-Griff liegt der Schläger diagonal in meiner linken Hand, in einer Linie vom ersten Glied des Zeigefingers bis unterhalb des Handballens. Der linke Daumen liegt nicht gerade auf dem Schaft, sondern ein bißchen mehr nach rechts. In der rechten Hand liegt der Schläger nur in den Fingern ohne den Handballen, quer über Ring- und Mittelfinger und fest gegen den Zeigefinger mit einem leichten Zwischenraum zwischen Mittel- und Zeigefinger. Dadurch können der Zeigefinger und der links am Schaft liegende Daumen dem Schläger Halt geben und ihn unter Kontrolle halten. Der kleine Finger meiner rechten Hand liegt über der linken Hand, und zwar genau in dem Zwischenraum zwischen Zeige- und Mittelfinger. Die Lebenslinie meiner rechten Hand läuft über den Daumen der linken. Den Druck auf den Schaft üben primär die letzten drei Finger der linken Hand aus. Sehr wenig Druck kommt dagegen vom linken Daumen und Zeigefinger. In der rechten Hand spielen Ring- und Mittelfinger die Hauptrolle.

Der Druck auf den Schaft erfolgt also durch die letzten drei Finger der linken Hand – möglichst stark, aber keinesfalls so stark, daß der Unterarm sich verkrampft. Er sollte fest aber nicht steif sein. Der Druck der rechten Hand ist schwächer, am schwächsten mit Daumen und Zeigefinger. Es ist ein weit verbreiteter Fehler, den Schläger mit beiden Händen fest zu greifen. Das zeugt von einem schlechten Griff und verkrampft die Arme.

Die für Sie persönlich beste Griffstärke sollten Sie auf dem Übungsplatz herausfinden. Fangen Sie mit dem denkbar leichtesten Griff an, und intensivieren Sie ihn dann langsam, bis Sie den für Sie optimalen gefunden haben, bei dem der Schläger stets unter Kontrolle bleibt und keinesfalls aus der Hand rutschen kann.

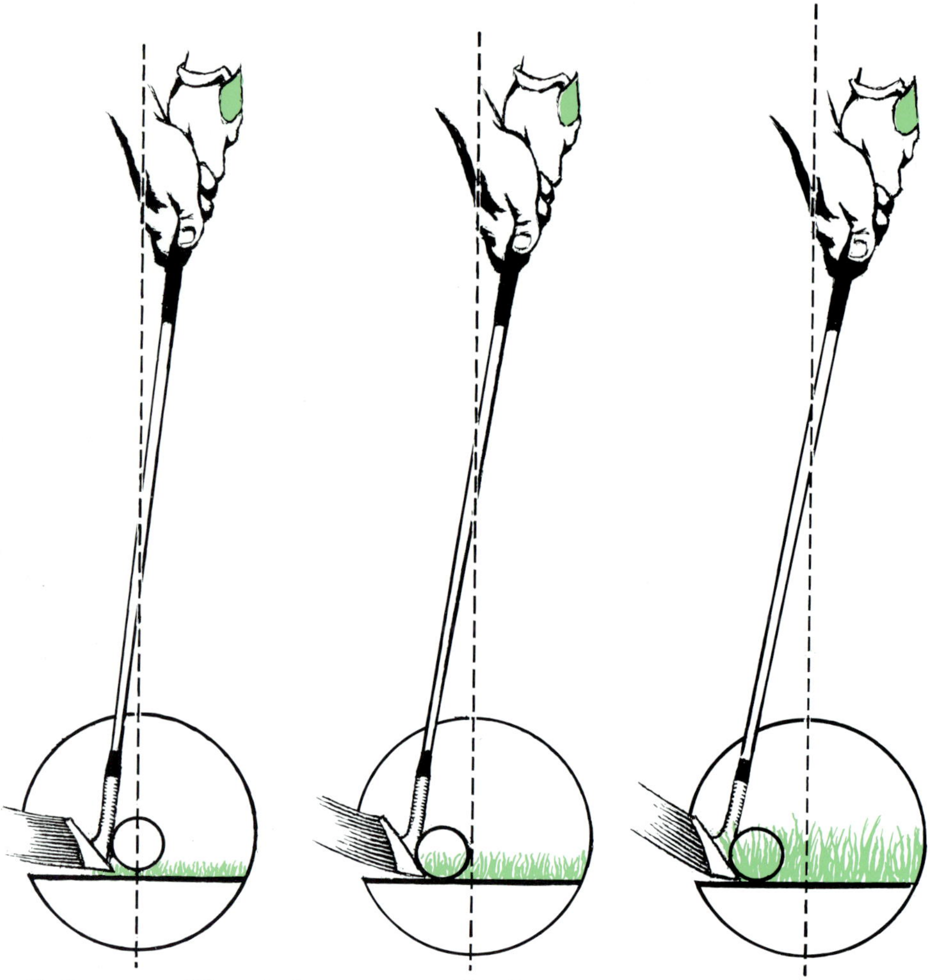

Schauen Sie sich zuerst die Lage des Balles an

Die Lage des Balles zeigt Ihnen an, welchen Schläger Sie nehmen sollten. Sie ist für jeden Schlag von großer Bedeutung, was leider häufig unterschätzt wird. Je schlechter die Lage ist, desto eher neige ich dazu, den Ball mehr vom rechten Fuß zu spielen. Außerdem halte ich die Hände durch den Treffbereich hindurch vor dem Ball und schlage dadurch mehr von oben nach unten fest in den Ball hinein.

Aus einer Aufwärtslage werde ich im allgemeinen einen Schläger mit weniger Loft nehmen (Eisen 7, 8 oder 9), weil die Aufwärtslage den Loft per se vergrößert. Bei einer Abwärtslage sollte es dagegen ein Schläger mit möglichst starkem Loft (Pitching oder Sand Wedge) sein, weil die Lage den Loft verringert.

Liegt der Ball in hohem, meinem Schlag entgegenwachsenden Gras, so werde ich bewußt härter schlagen. Im entgegengesetzten Fall mit dem Graswuchs in die Schlagrichtung werde ich leichter durchschwingen.

Beurteilen Sie die Lage des Balles also immer möglichst sorgfältig, um sein späteres Verhalten entsprechend abschätzen zu können. Die Schlägerwahl fällt Ihnen dann leichter.

Vor der eigentlichen Ausführung sollte man sich den Schlag genau vorstellen

Sie sollten eigentlich jeden Schlag vor der tatsächlichen Ausführung erst einmal in Gedanken spielen, das heißt, sich einen genauen Plan zurechtlegen. Sie müssen sich vorstellen, wie der Ball fliegen, wo er aufsetzen und wie er dann zum Loch hin ausrollen wird.

Dieses „Vorausschauen" eines Schlages habe ich bei der Offenen 1981 in Merion besonders deutlich erlebt. Das neunte ist ein Par-3-Loch mit einem tiefen Bunker rechts vor dem Grün. Mein schlecht getroffenes Eisen 6 landete in der rechten Hälfte des Bunkers und lag zu allem Überfluß auch noch abwärts. Die Bunkerkante war mindestens schulterhoch, von ihr fiel das Gelände zum Grün hin ab, und die Fahne stand ziemlich nahe an der mir zugewandten Grünkante. Ich stellte mir nun vor, daß mein Ball etwa 1.5 Meter hinter der Bunkerkante aufsetzen sollte. Das gelang, und der Ball rollte dann tatsächlich bis auf einen Meter an die Fahne.

Natürlich gelingt nicht jeder Schlag so erstklassig. Es gibt Tage, an denen ich kein Gespür für diese Schläge habe und ganz einfach schlecht spiele. Aber trotzdem plane ich jeden Schlag voraus.

Gewöhnen Sie sich an eine routinemäßige Vorbereitung auf jeden Schlag

Bevor wir uns nun dem Chip als solchem zuwenden, sollte ich Sie noch darauf hinweisen, auf welche Art und Weise gute Spieler nach den gedanklichen Überlegungen und den üblichen Übungsschwüngen eine routinemäßige Vorbereitung auf jeden Schlag praktizieren. Bei mir sieht das in der zeitlichen Reihenfolge so aus: Ausrichtung der Schlagfläche in die geplante Flugrichtung, Stellung am Ball, Augen zum Ziel und zurück zum Ball, leichte Pendelbewegungen mit dem Schlägerkopf und gleichzeitig letzter Blick zum Ziel, eine letzte Pendelbewegung und der Schlag.

Diese Vorbereitungsroutine führt dann ganz von selbst in den eigentlichen Schlag. Natürlich wechselt dieser Ablauf von Spieler zu Spieler – also die Zahl der Übungsschwünge, der Pendelbewegungen, der Blicke vom Ball zum Ziel –, aber die meisten guten Golfer bleiben bei ein und derselben Routine für jeden Schlag, den sie spielen.

Bert Yancey hat eine Studie über das Verhalten der Pros auf der PGA-Tour erarbeitet, indem er die Zeit maß, die wir vom Ansprechen bis zum Treffen des Balles brauchen. Er fand heraus, daß die Zeitdauer der routinemäßigen Vorbereitungen bei allen Pros um weniger als eine Sekunde differierte. Machen Sie mal einen Versuch – Ihr Spiel wird bestimmt wieder sicherer werden.

Der allgemeine, normale Chip

Für einen guten Score ist sicheres Chippen eine unabdingbare Voraussetzung. Verbessern Sie Ihr Chippen, und Ihr Score wird automatisch niedriger. Sobald Sie ein sicheres Gefühl für die Entfernung der einzelnen Schläge haben und in der Mehrzahl der Fälle den richtigen Schläger nehmen, können Sie pro Runde leicht bis zu fünf Schlägen einsparen. Trotzdem ist das Chippen der am wenigsten geübte Teil des Spiels und der am meisten vernachlässigte.

Chippen besteht zum einen aus Gefühl und zum anderen aus mechanischer Fertigkeit. Ich werde Ihnen beides anhand von Illustrationen erläutern, werde textliche Beschreibungen und Übungsprogramme darlegen, so daß Ihnen das ganze allmählich in Fleisch und Blut übergehen wird — wie es bei mir geschehen ist.

Ich werde einfache Konzepte entwickeln, die jeder begreifen kann. So gebe ich dem Ball, bis auf seltene Ausnahmefälle, keinen Rückwärtsdrall. Ich versuche auch nicht, hart von oben in ihn hineinzuschlagen oder ihm einen Seitwärtsdrall zu verpassen. Ich versuche lediglich, den Ball mit square ausgerichteter Schlagfläche jedesmal sauber zu treffen, so daß ich mit jedem Schläger etwa gleich lang bin. Bei mir soll der Schlägerkopf mit seinem Loft die Hauptarbeit leisten. Sie können das Schlägerblatt natürlich etwas zudrehen, wenn der Ball weiter ausrollen soll, bzw. es weiter aufdrehen, wenn der Ball steil hochgehen soll (das ist jedoch ziemlich riskant, weil die auf den Ball einwirkende Schlagfläche dadurch verkleinert wird); aber zu beidem würde ich Ihnen im Normalfall nicht raten, wende es selber auch nur höchst selten an. Drall jedweder Art gehört nicht zu meinem Konzept des Chips. Ich möchte das Verhalten und besonders das Aufsetzen meines Balles soweit wie nur irgend möglich selbst bestimmen. Je weniger Drall der Ball aber hat, desto gleichmäßiger wird er fliegen, aufsetzen und ausrollen.

Die Wahl des Schlägers ist fast so wichtig wie die eigentliche Ausführung des Schlages. Wo immer die Situation es erlaubt, das heißt, wenn das Vorgrün kurz geschnitten und glatt ist wie im Augusta National, werde ich vom Vorgrün lieber putten als chippen. Ich habe die Erfahrung gemacht, daß mein schlechtester Putt fast immer noch besser ist als mein schlechtester Chip. Als Fazit kann ich Ihnen also nur raten, sich den Schlag immer so leicht wie möglich zu machen.

Ist es nicht der Putter, so spiele ich, je nach Lage des Balles, jeden Schläger vom Wedge bis zum Eisen 5. Ich halte nichts davon, Chips grundsätzlich nur mit ein und demselben Schläger zu spielen; außer vielleicht bei einfachen Übungsschlägen. Die Situationen und die Position des Balles sind viel zu verschieden, als daß man sie alle mit demselben Schläger bewältigen könnte. Durch das Wechseln der Schläger vermehren Sie gewissermaßen Ihre Schlagmöglichkeiten. (Ich wünschte, unsere Schläger wären von Anfang an in der umgekehrten Reihenfolge numeriert worden – also das Eisen 1 als kürzester und das Eisen 9 als der längste Schläger. Dann könnte man wirklich davon sprechen, „mehr" oder „weniger" Schläger zu nehmen, und jeder wüßte, was man damit meint.)

Als junger Mann nahm ich ums Grün herum meistens einen Wedge, so wie der große Bobby Locke, der ein Meister des Chippens war. Fast aus jeder Lage versuchte ich, einen hohen Schlag direkt an die Fahne zu spielen. Es ist mir damals auch meistens gelungen, weil ich jung war und Nerven wie Drahtseile hatte. Als ich mit der Zeit aber immer häufiger „drei Schläge bis ins Loch" brauchte, lernte ich, unterschiedliche Schläge auch mit jeweils anderen Schlägern zu spielen; bis ich herausfand, daß es für jeden Schlag dieser Art ein optimales Schwung/Schläger-Konzept gibt. Das können Sie allerdings nur herausfinden, wenn Sie den ganzen Ablauf – Schlagbeurteilung, Schlägerwahl und eigentlichen Schwung – immer wieder üben.

Genau das aber wollen wir in diesem und dem nachfolgenden Kapitel behandeln und dadurch etwas von Ihrem Handicap abschnipseln.

Der Chip-Schlag

In dieser Darstellung des Bewegungsablaufes sehen Sie die Hände beim Ansprechen vor dem Ball und den leicht offenen Stand. Der linke Arm führt den Schlag; und durch den Einsatz der unteren Körperhälfte können die Handgelenke durch den Ball hindurch fest bleiben.

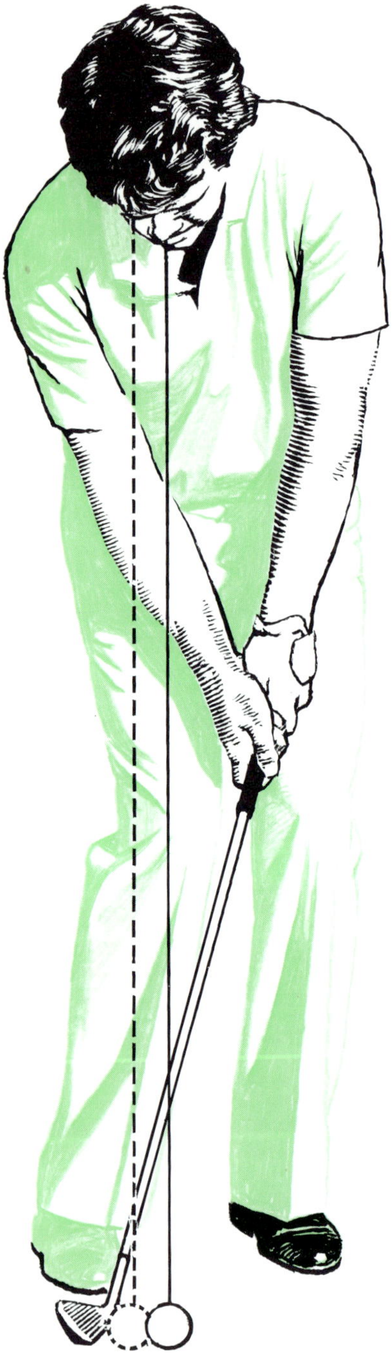

Halten Sie die Hände vor dem Schlägerkopf

Eine der Grundregeln für den Chip besagt, beim Ansprechen des Balles das Gewicht weitgehend auf dem linken Fuß und die Hände in Richtung auf das Loch vor dem Schlägerkopf zu halten. Nur dann können Sie den Schläger von oben nach unten und mit zunehmender Beschleunigung durch den Ball hindurchschwingen. Ich halte also meine Hände vor dem Ball, der etwa in der Mitte des Standes meiner Füße ziemlich genau unter meiner Nase liegt, so daß die Hände den Schlägerkopf in den Ball hineinführen können. Dabei versuche ich immer, den Ball vor dem Boden zu treffen. Je schlechter die Lage ist, desto mehr spiele ich den Ball vom rechten Fuß, um verstärkt von o b e n in ihn hineinzuschlagen.

Füße und Körper sind offen, das heißt in einem Winkel von 10 bis 20 Grad in bezug auf das Ziel, so daß ich den Schläger mit festen Handgelenken gerade in Richtung auf das Ziel durchschwingen kann.

Hale Irwin riet einmal Präsident Ford, die Hände beim Ansprechen des Balles vor dem Schlägerkopf zu halten — und siehe da, das Chippen des Präsidenten wurde zusehends besser.

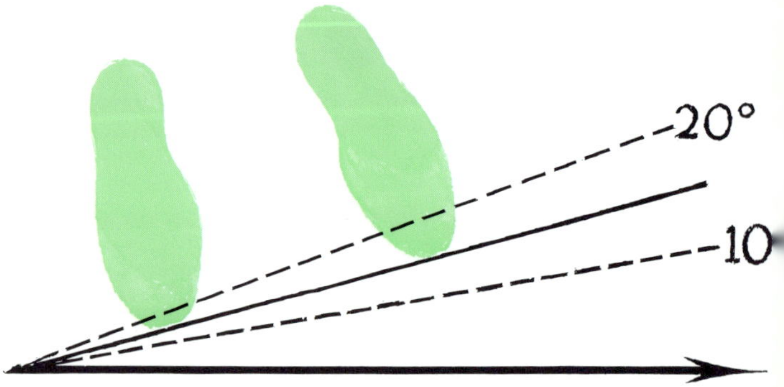

Greifen Sie beim Chippen alle Schläger tiefer und an der gleichen Stelle

Fassen Sie den Schläger beim Chippen tiefer, mindestens bis zur halben Höhe des eigentlichen Griffs. Aber bitte alle Schläger an der gleichen Stelle, damit Sie immer das gleiche Schwung- und Schlaggefühl haben. Ich höre immer wieder von Wochenendgolfern die Klage, daß sie mit unterschiedlichen Schlägern auch ein unterschiedliches Schlag- und Schwunggefühl haben. Das kommt nur daher, daß sie die Schläger verschieden hoch bzw. tief greifen. Achten Sie also darauf, immer an der gleichen Stelle zu greifen.

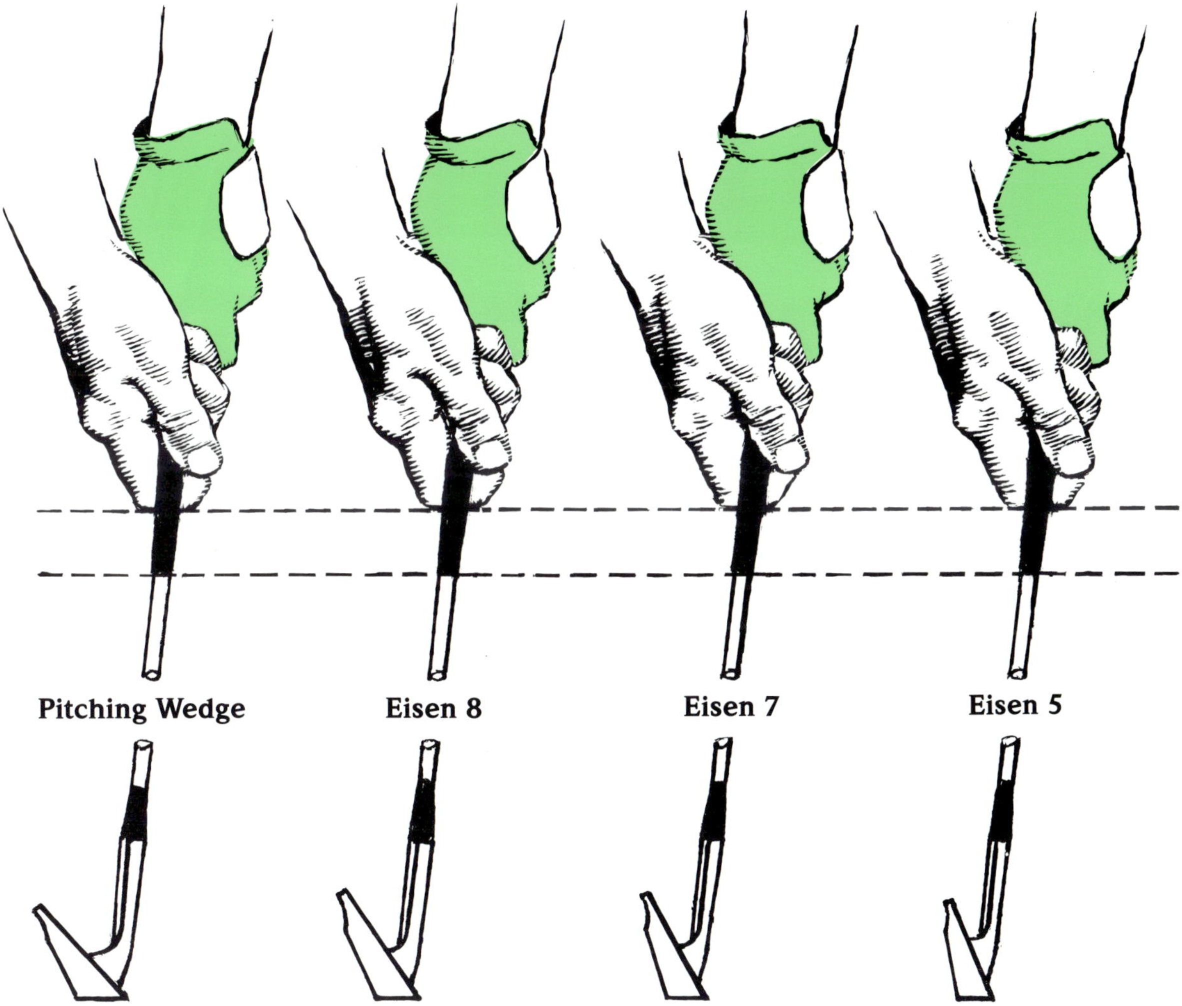

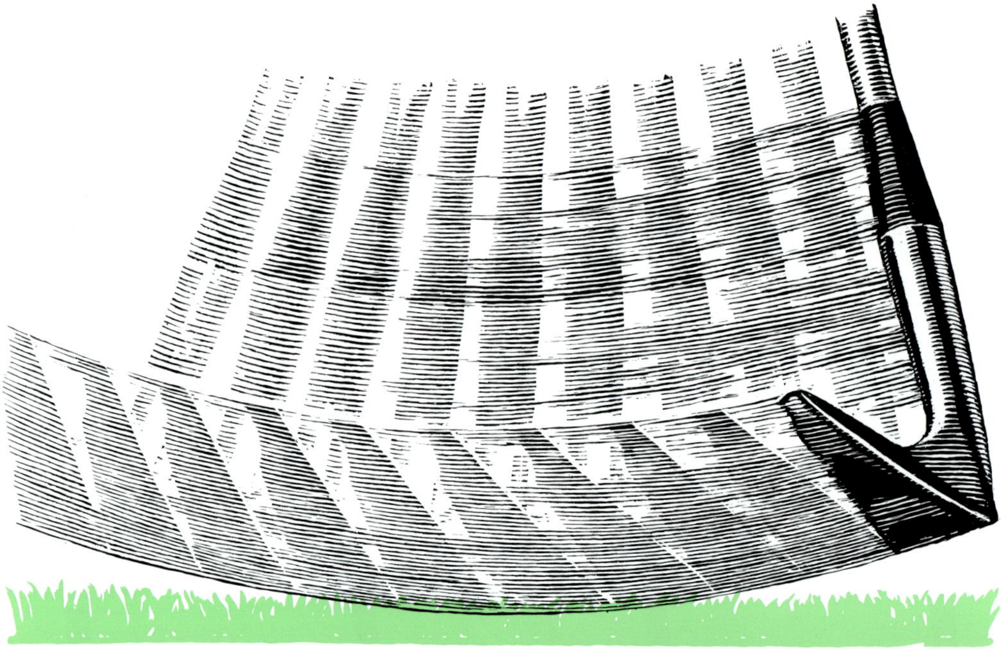

„Bürsten" Sie das Gras mit dem Schläger

Wenn Sie richtig am Ball stehen, werden Sie beim Chip mit dem Schlägerkopf nur gerade durch das Gras streichen. Setzen Sie den Schläger auch nur ganz leicht hinter den Ball auf (er sollte keinesfalls mit seinem vollen Gewicht auf dem Boden aufliegen), und schwingen Sie dann den Schläger ohne Ball vor und zurück, um so das richtige Gefühl für den Schlag zu bekommen. Im Schlag sollten Sie den Ball dann sauber treffen und ganz leicht vom Boden wegschlagen.

Bewegen Sie Ihr rechtes Knie in Richtung Ziel

Ich mache mir den Chip dadurch leichter, daß ich den Abschwung mit dem rechten Knie beginne. Schwingen Sie also die Arme zuerst zurück, und drehen Sie das rechte Knie dann in Richtung auf das Ziel, wobei der rechte Fuß auf seine Innenseite überrollt. An sich werden die Beine beim Chip kaum eingesetzt, aber ohne einen gewissen Körpereinsatz geht es auch nicht, sonst können die Arme nicht frei durchschwingen.

Diese kleine Bewegung des rechten Knies löst also den Abschwung aus, der ausschließlich vom linken Arm geführt wird und bei dem die Hände während des ganzen Schlages vor dem Schlägerkopf bleiben. Dadurch vermeiden Sie es, die rechte Hand zu früh einzusetzen und den Ball hochzulöffeln. Leiten Sie Ihren Abschwung also durch das Drehen des rechten Knies zum Ziel hin ein, und schwingen Sie dann die Arme durch den Ball hindurch.

Achten Sie darauf, wohin das Gras wächst

Der Wuchs des Grases (die Richtung, in die es wächst) beeinflußt Ihren Chip genauso, wie es beim Putten der Fall war. Wächst es Ihnen entgegen, müssen Sie stärker zuschlagen – im umgekehrten Fall entsprechend weniger. Das erste Aufsetzen des Balles auf dem Grün ist dabei entscheidend; und es lohnt sich daher, den Wuchs des Grases an dieser Stelle vorher anzuschauen. Gerade wenn das Grün nicht kurz geschnitten ist, kann die Richtung des Grases bei einem Chip von 10 Meter Länge über einen Meter plus/minus ausmachen.

Erinnern Sie sich daran, was ich beim Putten darüber sagte, daß nämlich der Glanz des Grases die Richtung seines Wuchses anzeigt. Glänzt es, so wächst das Gras in meiner Schlagrichtung, und der Ball wird weiter ausrollen. Schaut es dagegen dunkel oder stumpf aus, wächst das Gras mir entgegen, und der Ball wird kürzer bleiben. Der Chip auf ein dunkel erscheinendes, aufsteigendes, langsames Grün erfordert also einen wesentlich stärkeren Schlag. Das Entgegengesetzte gilt, wenn das Grün hell glänzt, in der Schlagrichtung abfällt und schnell ist. Die Abbildung zeigt den Einfluß des Graswuchses auf ein flaches Grün, ganz besonders auf das Verhalten des Balles nach dem ersten Aufsetzen.

Lassen Sie die Fahne beim Chip im Loch

Ich lasse beim Chip die Fahne immer im Loch. Sie kann vor allem bei einem abfallenden Grün meinen Ball aufhalten, der sonst womöglich viel zu weit gelaufen wäre. Außerdem kann ich so die Entfernung zum Loch leichter und genauer abschätzen und bei langen Chips die Lage des Loches klar erkennen.

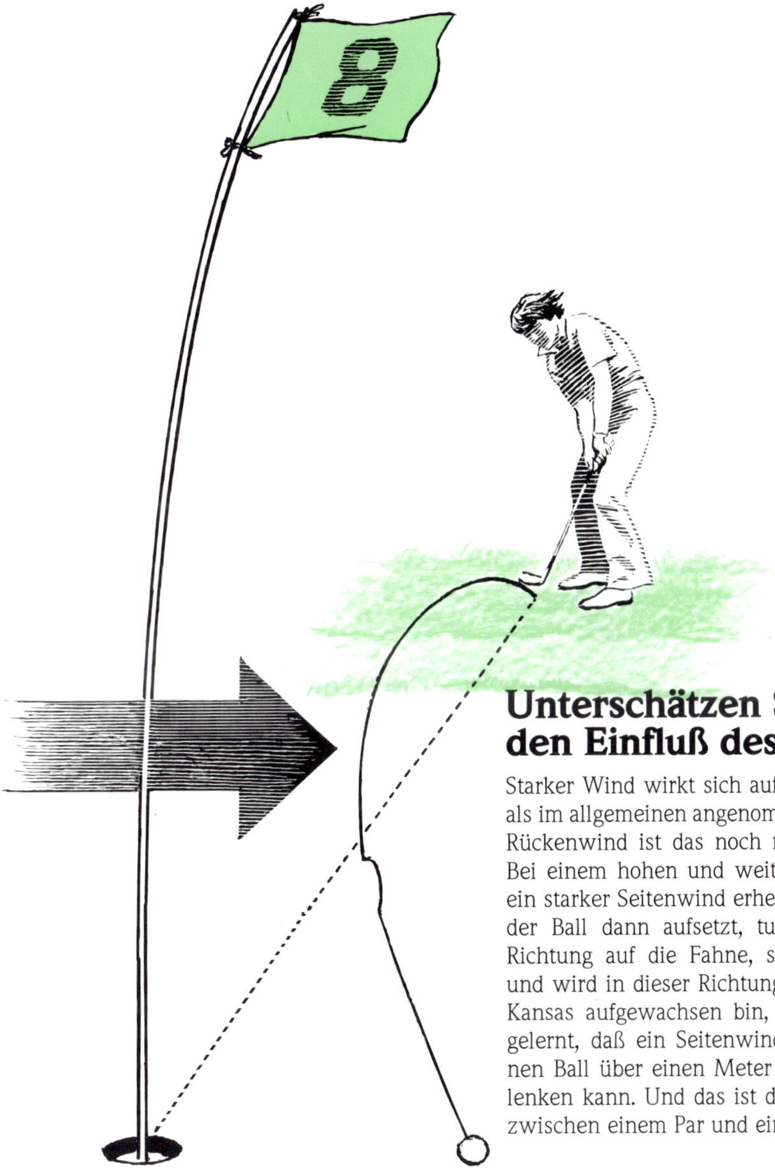

Unterschätzen Sie nicht den Einfluß des Windes

Starker Wind wirkt sich auf Chips sehr viel mehr aus, als im allgemeinen angenommen wird. Bei Gegen- oder Rückenwind ist das noch relativ leicht zu erkennen. Bei einem hohen und weiten Chip kann aber gerade ein starker Seitenwind erhebliche Folgen haben. Wenn der Ball dann aufsetzt, tut er dies nicht gerade in Richtung auf die Fahne, sondern schräg im Winkel und wird in dieser Richtung auch auslaufen. Da ich in Kansas aufgewachsen bin, habe ich ziemlich schnell gelernt, daß ein Seitenwind von etwa 15 km/h meinen Ball über einen Meter nach rechts oder links ablenken kann. Und das ist dann leicht der Unterschied zwischen einem Par und einem Bogey.

Die innere Einstellung

Wenn ich einen Chip vor mir sehe, dann erscheint er mir stets als eine Kombination aus Chip und Putt. Ein Schlag in die Luft und ein Schlag am Boden. Ich bestimme in Gedanken, wo der Ball aufsetzen soll und sehe ihn dann – wie bei einem Putt – zum Loch hin ausrollen.

Üben Sie die Chips nur mit der linken Hand

Der normale Chip wird fast ausschließlich mit und aus den Armen gespielt, bei einem minimalen Einsatz der Handgelenke. Der linke Arm führt den Schläger sowohl beim Rück- als auch beim Ab- und Durchschwung. Das läßt sich üben, indem man den Schläger nur mit der linken Hand schwingt. Denken Sie dabei daran, das rechte Knie im Abschwung zum Ziel hin zu verlagern, so daß der linke Arm den Schläger ungehindert durch den Treffbereich hindurchführen kann.

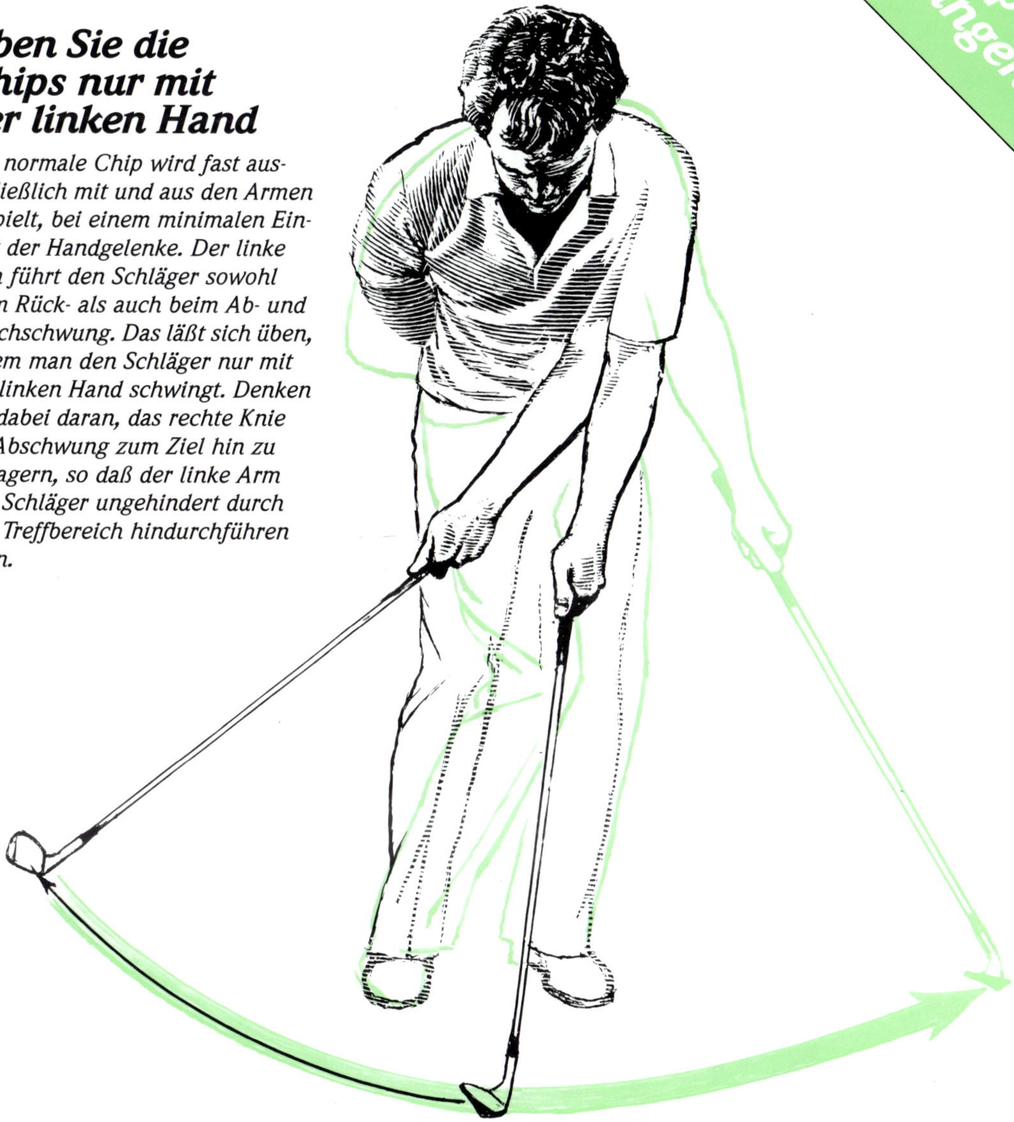

Chippen Sie auf einen bestimmten Punkt, um das Schwung- und Schlaggefühl zu verbessern

Das ist die erste von zahlreichen Übungen, die aus Ihnen einen sicheren Chipper machen sollen. Nach Begutachtung der Lage des Balles überlege ich mir als erstes, wo mein Ball auf dem Grün aufsetzen soll. Markieren Sie diesen Punkt auf dem Grün, und chippen Sie dann solange mit ein und demselben Schläger, bis Ihre Bälle auf den Punkt oder zumindest in seiner Nähe landen.

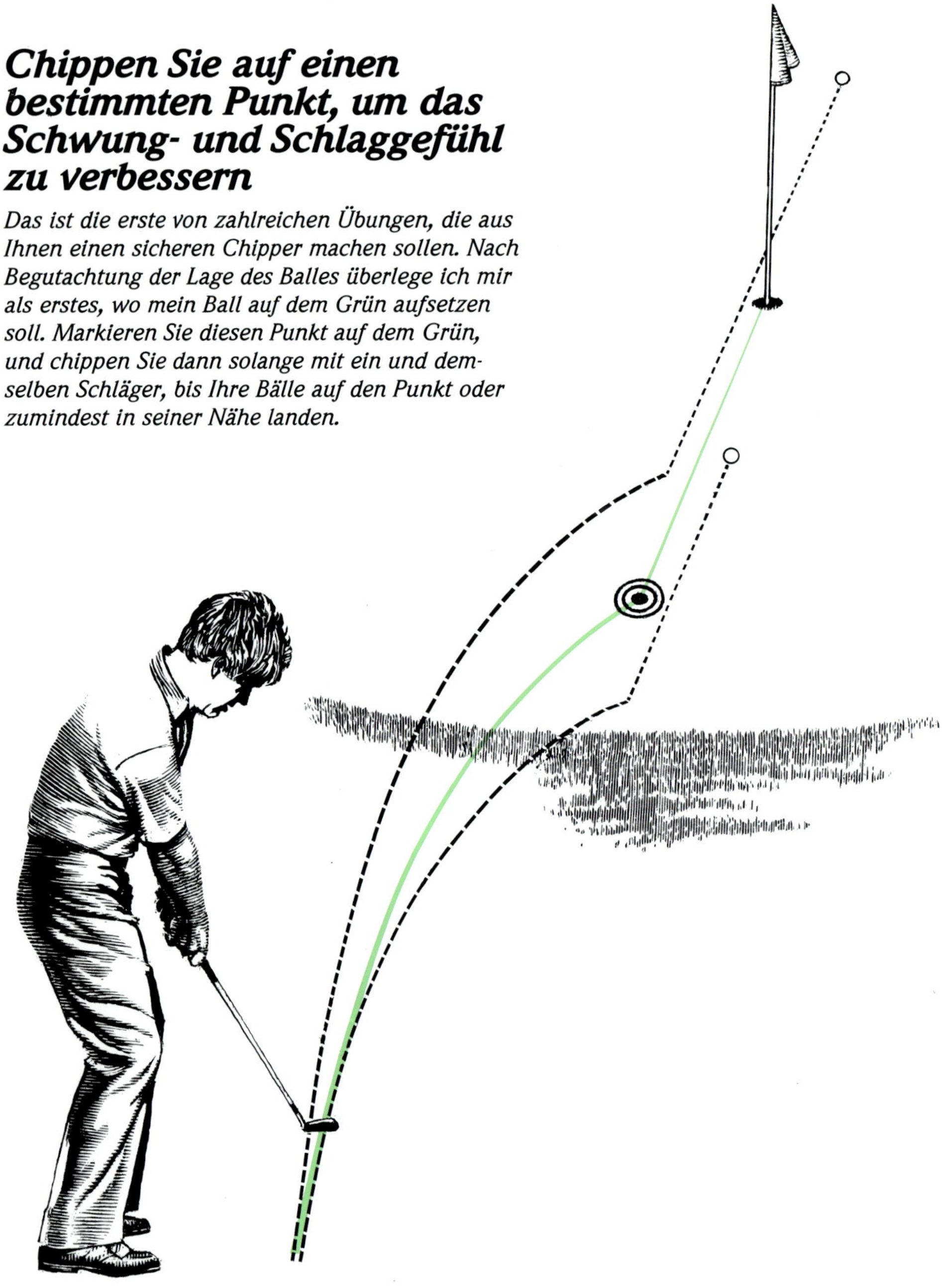

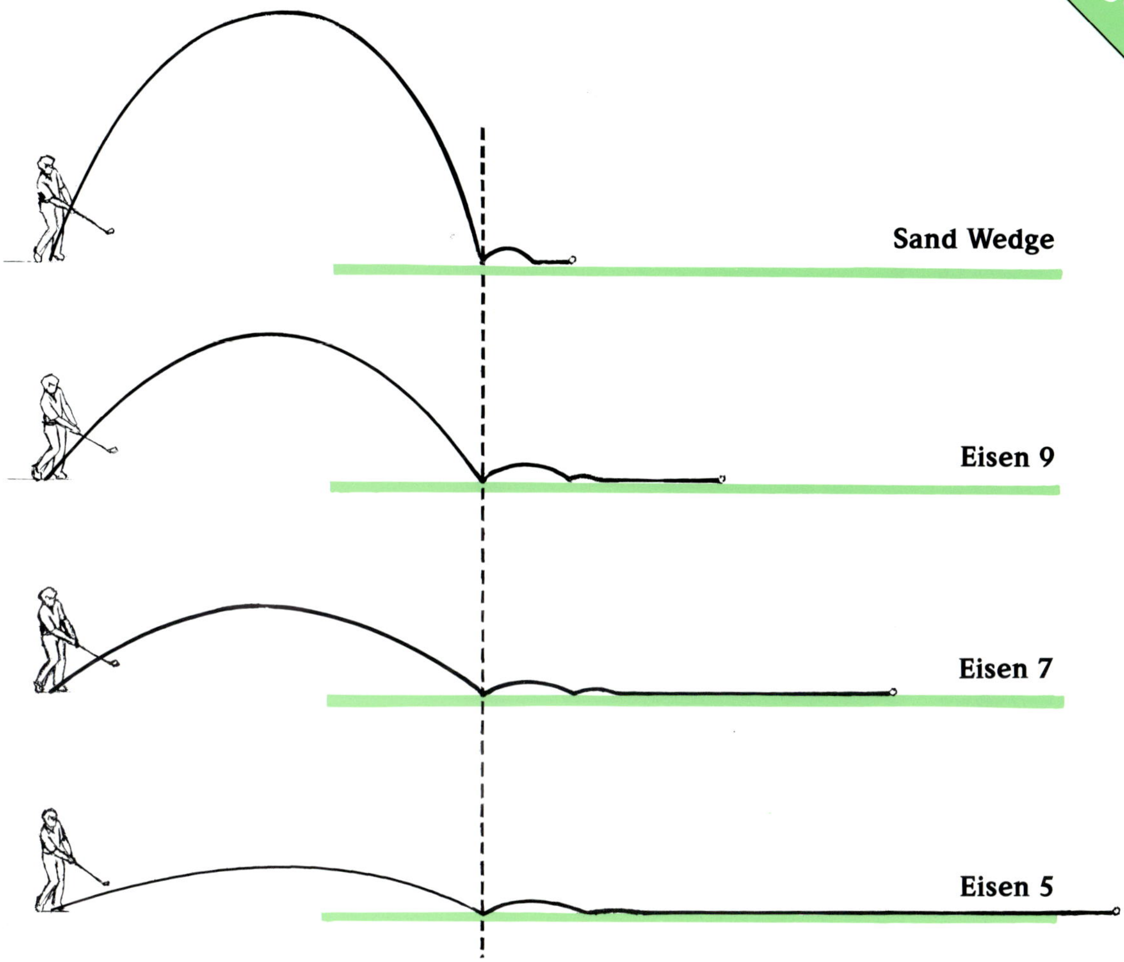

Chippen Sie auf einen Punkt mit verschiedenen Schlägern

Nach der Übung mit nur einem Schläger kommt jetzt der nächste Schritt, indem Sie mit verschiedenen Schlägern auf diesen einen Punkt spielen, und zwar mit einem Sand Wedge, einem Eisen 9, Eisen 7 und 5. Sinn dieser Übung ist, den Ball mit den verschiedenen Schlägern gleich weit durch die Luft zu schlagen und dann zu beobachten, wie unterschiedlich weit er ausrollt.

Diese Übung ist deshalb so besonders wichtig, weil Sie aus ihr einmal ersehen, wie weit Sie den Ball durch die Luft schlagen und zum zweiten, wie weit er auf dem Grün ausrollt.

Die Entscheidung für einen bestimmten Schläger

Haben Sie die vorhergehende Übung erfolgreich hinter sich gebracht, so wird Ihnen diese hier demonstrieren, welcher Schläger für einen bestimmten Schlag unter Berücksichtigung der Flugstrecke und des Ausrollens optimal ist. Versuchen Sie den gleichen Schlag mit verschiedenen Schlägern, und Sie können dann diejenigen aussondern, mit denen eine sichere Annäherung an die Fahne schwierig ist. Übrig bleibt der Schläger mit den besten Ergebnissen.

Chippen Sie Bälle in den inneren Kreis

Seit meiner Kindheit besteht eine meiner Lieblingsübungen darin, von verschiedenen Stellen ums Grün herum Bälle in einen Kreis von einem Meter ums Loch zu chippen. Landet der Ball in diesem Kreis, so war es ein erfolgreicher Schlag.

Ist bei dem Chip ein starker Break zu berücksichtigen, so stelle ich mir vor, durch einen zwei Meter breiten Korridor an die Fahne zu spielen. Das übe ich eigentlich am meisten, weil es einer häufig auf dem Platz auftretenden Situation entspricht.

Chippen Sie auf das Übungsgrün

Diese Übung führt uns zur Wahl des richtigen Schlägers. Von einem Platz außerhalb des Übungsgrüns spielen Sie (vorausgesetzt, daß man bei Ihnen auf das Übungsgrün chippen darf) sämtliche Löcher auf dem Übungsgrün an, immer mit dem Ihrer Meinung nach am besten geeigneten Schläger. Für einen kurzen Schlag auf ein Loch direkt hinter dem Grünrand mag es ein Wedge sein, für einen anderen, der 20 Meter Grünfläche überqueren muß, vielleicht ein Eisen 6. Haben Sie alle Löcher von einer Stelle aus angespielt, wiederholen Sie das ganze von einer anderen Stelle. Mit dieser Übung können Sie sich vor einer Runde generell auf das kurze Spiel einstimmen und das richtige Gefühl für die Schnelligkeit und Konsistenz des Grüns gewinnen.

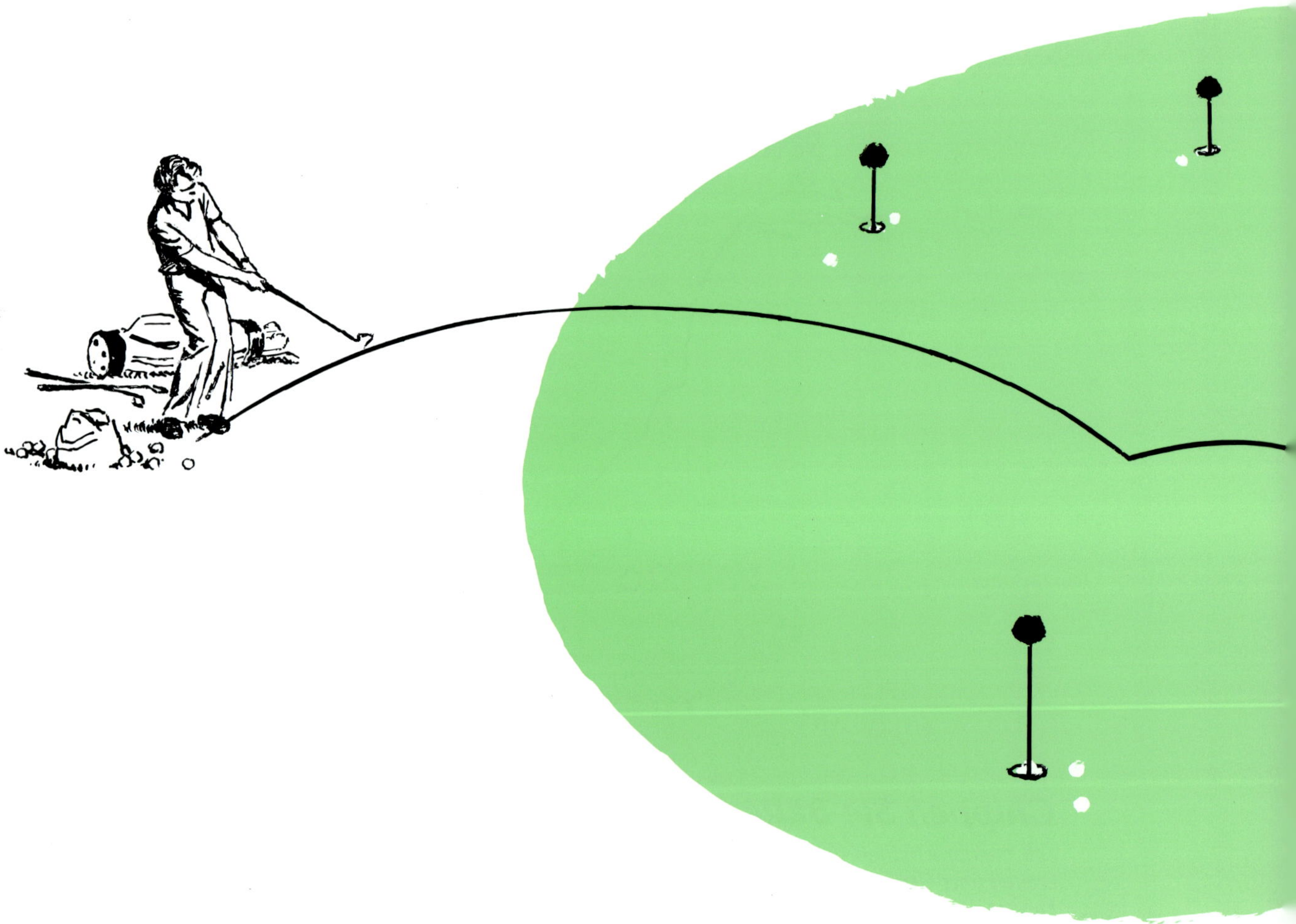

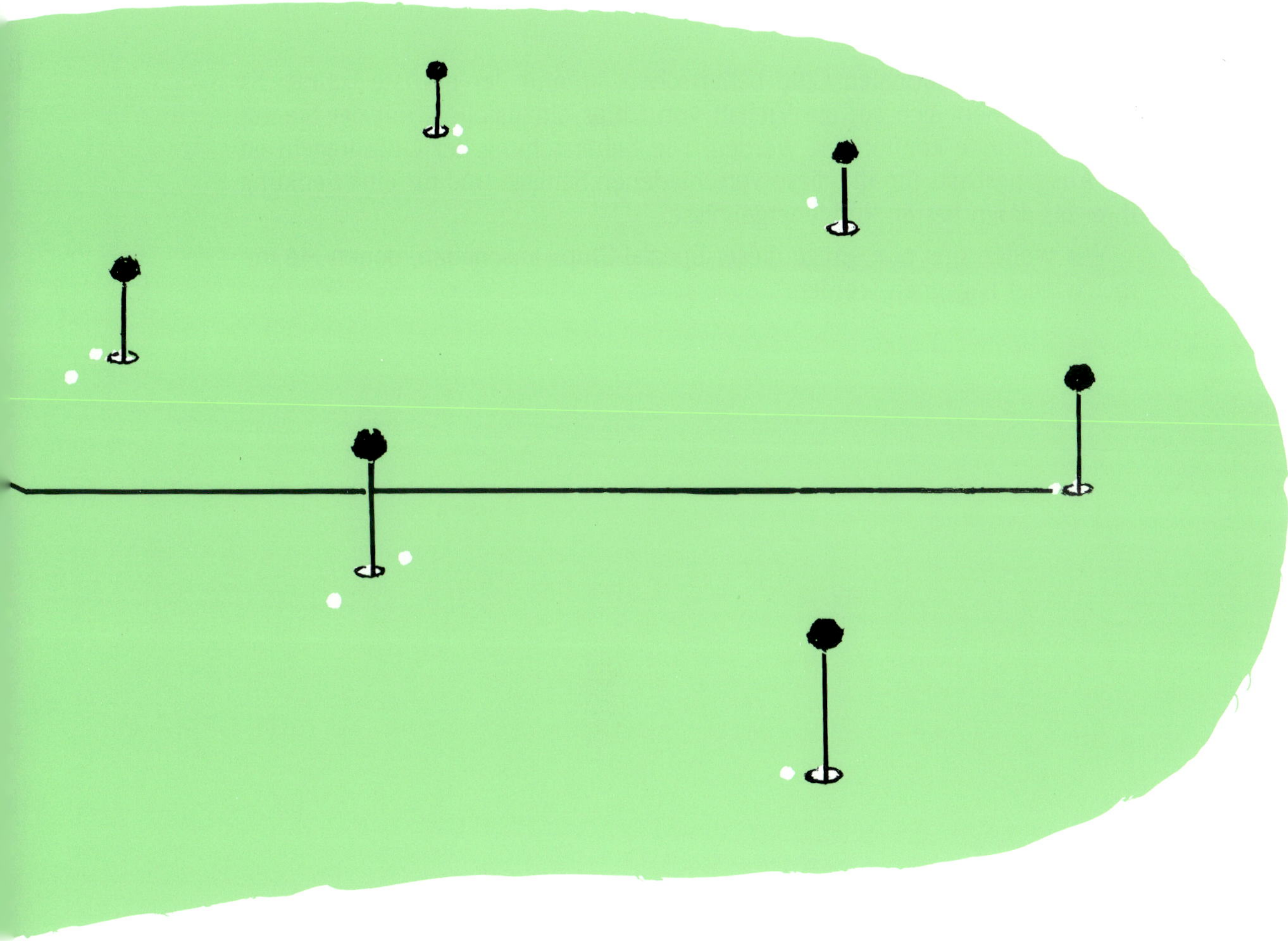

Besondere Chips

Sobald Sie den normalen Chip beherrschen, kommt der nächste Schritt: Es heißt zu lernen, sich auf die Vielfalt von Chips einzustellen, mit der Sie auf einer Golfrunde konfrontiert werden. Die Beherrschung der Grundregeln ist die Ausgangsbasis für alle diese verschiedenen Schläge und für eine Senkung Ihrer bis dahin besten Rundenergebnisse.

Wir wollen uns nun einige dieser Spezial-Chips anschauen, denen Sie immer wieder begegnen werden.

Wo immer möglich, nehmen Sie für den Schlag vom Vorgrün lieber den Putter

Liegt der Ball auf einem festen, trockenen und kurz geschnittenen Vorgrün, so sollten Sie ihn im Zweifel mit dem Putter spielen. Ich habe damit die besten Erfahrungen gemacht und nehme in diesen Situationen nur noch den Putter, denn selbst mein schlechtester Putt ist immer noch besser als ein schlechter Chip. Auf dem Augusta National sind die Vorgrüns so breit und so kurz geschnitten, daß ich auch mehrere Meter vom Grünrand noch den Putter nehme.

Aus seitwärts hängenden Lagen fällt der Ball mit dem Hang

Es wird häufig übersehen, daß seitwärts hängende Lagen das kurze Spiel so beeinflussen wie das lange. Als Faustregel sollte man sich merken, daß der Ball mit dem Hang abfallen wird und daß man das im Schlag entsprechend ausgleichen muß.

Stehen Sie über dem Ball, so wird Ihr Schwung aufrechter und der Ball einen Seitwärtsdrall erhalten, der ihn von links nach rechts fliegen und auch ausrollen läßt. Stellen Sie sich in dieser Lage näher an den Ball, das Gewicht mehr auf der linken Seite und auf den Fersen, so daß Sie gut ausbalanciert sind. Beugen Sie sich aus der Hüfte etwas mehr nach vorn, und richten Sie sich nach links vom Ziel aus. Stehen Sie weit über dem Ball, so müssen Sie den Schläger am obersten Griffende fassen, um seine ganze Länge auszunutzen. Bei diesem Griff wird der Schwungbogen zwangsläufig weiter, was sich auch auf die Länge des Chips auswirkt. Sie sollten in dieser Situation also eher etwas leichter schlagen.

Stehen Sie dagegen unter dem Ball, so werden Sie ihn a conto des flacheren Schwungbogens eher nach links ziehen.

Stellen Sie sich also etwas weiter vom Ball ab, und spielen Sie ihn mehr vom rechten Fuß. Auch in diesem Fall legen Sie Ihr Gewicht auf die linke Seite, aber mehr auf die Zehen, um das Gleichgewicht nicht zu verlieren. Greifen Sie den Schläger kürzer, ziehen Sie leicht nach rechts und schwingen Sie mit dem Hang; in dieser Lage aber etwas härter, um den kürzeren Schwungbogen bei dem kürzeren Griff auszugleichen.

Stehen Sie extrem weit unter dem Ball, so müssen Sie entsprechend stärker nach rechts spielen. Das gilt besonders für Schläger mit starkem Loft, wenn Sie also einen Sand Wedge, Pitching Wedge oder ein Eisen 9 spielen. Der flache Schwungbogen wird den Ball dann verstärkt nach links ziehen, und das müssen Sie ausgleichen.

Wechseln Sie die Stellung am Ball und den Schläger bei Aufwärts- und Abwärtslagen

Ein kurzer Annäherungsschlag aufwärts oder abwärts erfordert jeweils eine besondere Stellung am Ball und einen anderen Schläger.

Stehen Sie aufwärts, so addiert sich der Loft des Hanges zu dem Loft des Schlägers. Der Ball geht dann leicht zu hoch, und Sie verschätzen sich in der Länge. Nehmen Sie also einen Schläger mit steilerem Blatt, wie zum Beispiel ein Eisen 8, mit dem Sie den Ball auch bei einem nicht ganz sauber getroffenen Schlag immer noch eher an die Fahne bringen. Richten Sie Schultern und Körper parallel zum aufwärtsgehenden Hang aus, legen Sie das Gewicht mehr auf die rechte Seite, und spielen Sie den Ball etwas mehr vom linken Fuß. Dadurch können Sie mit dem Hang schwingen und laufen nicht Gefahr, in den Boden zu hacken.

Der abfallende Hang verringert dagegen den Loft Ihres Schlägers, und der Ball wird flacher. Nehmen Sie in einer solchen Lage also lieber einen Pitching- oder Sand Wedge, spielen Sie mehr vom rechten Fuß, legen Sie das Gewicht auf die linke Seite, und lassen Sie es auch dort während des ganzen Schlages. Wenn Sie auch hier wieder Schultern und Körper parallel zum nunmehr abfallenden Hang ausrichten, so können Sie eher mit dem Hang schwingen. Bei diesem Schlag wird der Ball nach dem Aufsetzen naturgemäß weiter ausrollen, was Sie berücksichtigen müssen.

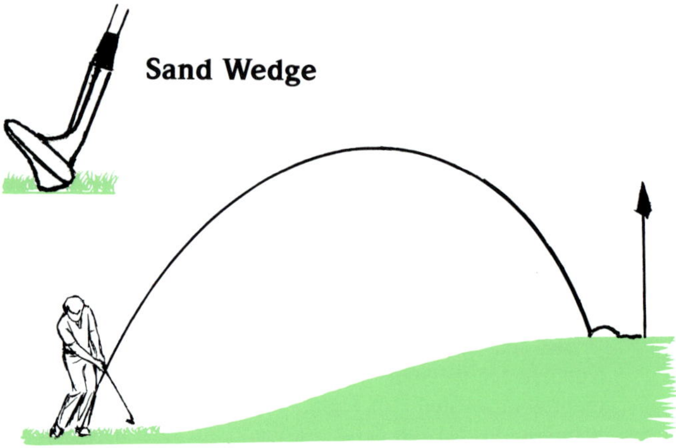

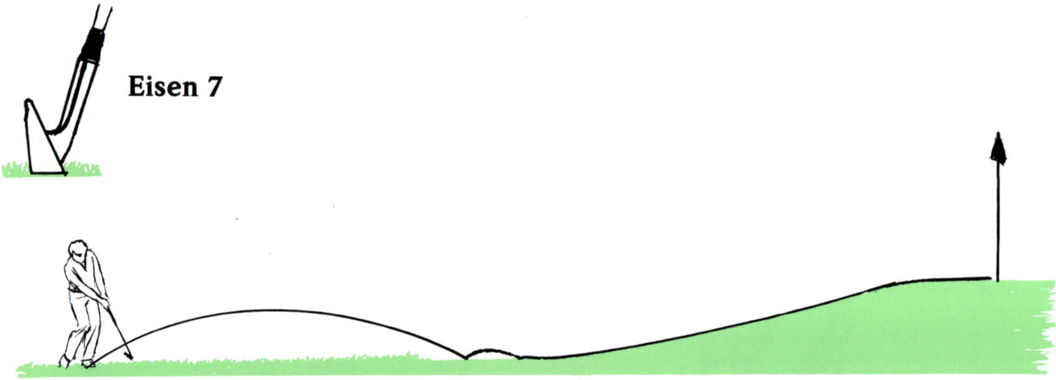

Der kurze und der lange Aufwärts-Chip

Stehe ich vor einem kurzen Aufwärts-Chip, und die Fahne steht nahe an der Grünkante, so darf mein Ball nach dem Aufsetzen nur ganz kurz ausrollen. Dafür nehme ich einen Sand Wedge, Pitching Wedge oder das Eisen 9. Im übrigen spiele ich den Ball genauso, wie auf den vorhergehenden Seiten beim Aufwärtsschlag beschrieben wurde. Für einen langen Aufwärts-Chip nehme ich dagegen ein Eisen 8 oder 7 und spiele den Ball mehr aus der Mitte der Füße. Ich lasse den Ball kurz hinter der Grünkante aufsetzen und den Rest der Strecke bis zum Loch hin ausrollen.

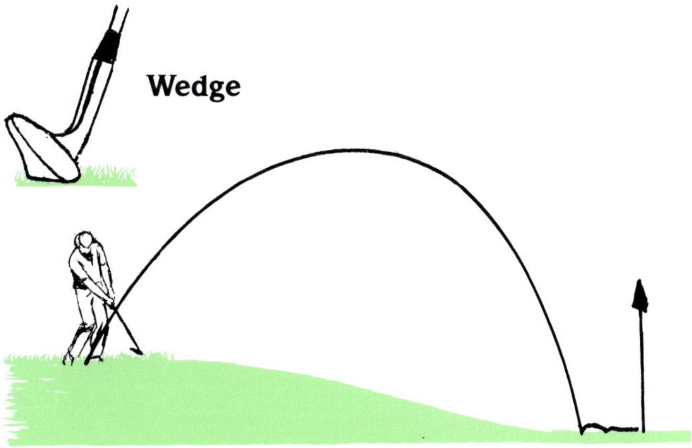

Der kurze und der lange Abwärts-Chip

Kurze Abwärts-Chips, so wie der, den ich am 17. Loch in Pebble Beach auf der letzten Runde der US Open 1982 einlochte, spiele ich fast ausschließlich mit dem Sand Wedge oder Pitching Wedge. Schlägerblatt und mein Stand sind etwas mehr geöffnet als bei einem Schlag auf ebenem Gelände, ich halte aber auch hier die Hände beim Ansprechen vor den Ball. Das Schlägerblatt bleibt während des ganzen Schlages leicht aufgedreht, und ich führe den Schlägerkopf mit den Händen den Hang hinunter.

Bei einem langen Abwärts-Chip haben Sie es insofern etwas leichter, als Sie den Ball auf dem Grün aufsetzen und dann wie einen Putt weiterrollen lassen. Das spiele ich mit einem Eisen 9, manchmal mit einem Eisen 8. Mein Stand ist normal, der Ball liegt etwas mehr zum rechten Fuß, und das Schlägerblatt ist square ausgerichtet.

Zur Erinnerung: Bei all diesen kleinen, etwas kritischen Schlägen muß der Ball klar getroffen und der Schlägerkopf durch den Ball hindurch ohne Angst beschleunigt werden.

Der Chip aus dem Rough

In der Lage nehme ich entweder einen Sand Wedge oder Pitching Wedge und spiele ihn ähnlich wie einen Bunkerschlag, wie Sie später bei der Besprechung der Bunkerschläge sehen werden. Der Ball liegt mindestens in der Mitte der Füße, Schlägerblatt und Stand sind offen. Ich schwinge steiler zurück als sonst und winkle das rechte Handgelenk früher ab, um beim Rückschwung nicht im Gras hängen zu bleiben. Beim Durchschwung lasse ich den Schlägerkopf unter dem Ball hindurchgleiten und halte das Schlägerblatt mit den letzten drei Fingern der linken Hand fest aufgedreht. Wie im Bunker kann ich auch hier etwas hinter dem Ball in den Boden schlagen, und den Ball dadurch leichter herausbekommen. Ein aus dem Rough geschlagener Ball wird übrigens weiter ausrollen als der aus einer normalen Lage.

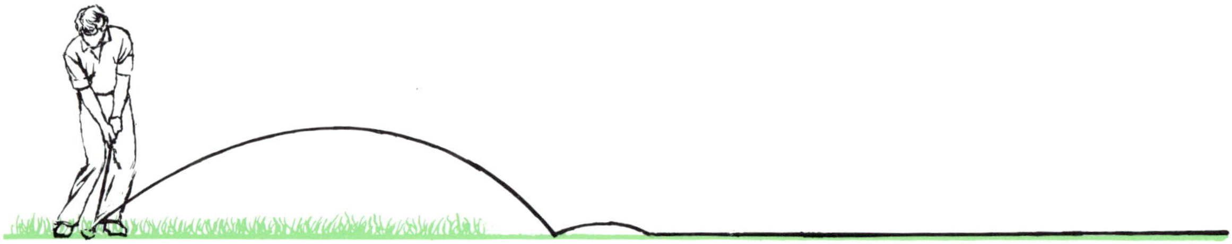

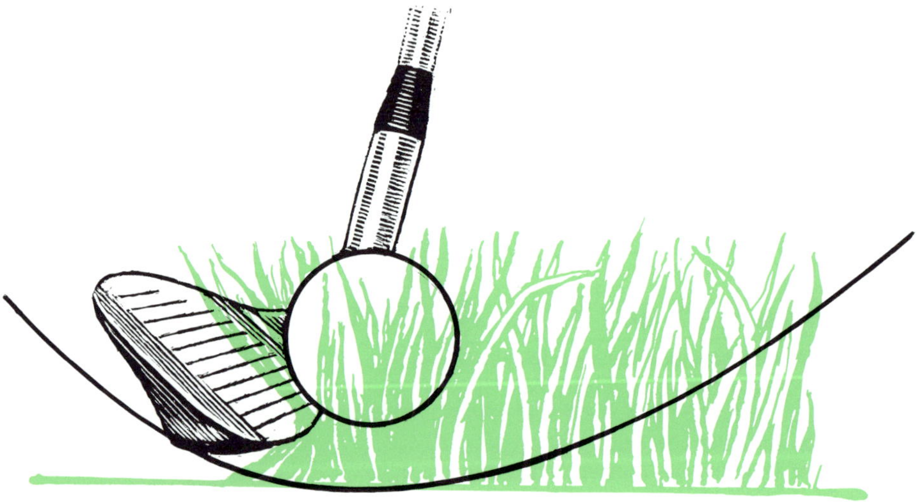

Der „Bump and Run" über einen kleinen Hügel

Liegt bei einem kurzen Annäherungsschlag ein kleiner Hügel in Ihrem Weg, und steht die Fahne nahe an der Grünkante, so ist ein hoher Schlag ein unmögliches Unterfangen. Greifen Sie also nicht zum Sand Wedge oder Pitching Wedge. Nehmen Sie dagegen einen Schläger mit weniger Loft, also ein Eisen 5, 6 oder 7, und chippen Sie den Ball gegen den kleinen Hügel, so daß er auf ihn hinaufspringt und auf der anderen Seite dann aufs Grün hinunter- und zur Fahne ausrollt.

Wichtig ist, daß der Ball den Hügel hinunterrollt und nicht springt.

Einer solchen Lage begegnen Sie häufig auf britischen Plätzen wie St. Andrews, und deshalb übe ich sie immer, bevor ich zur British Open gehe.

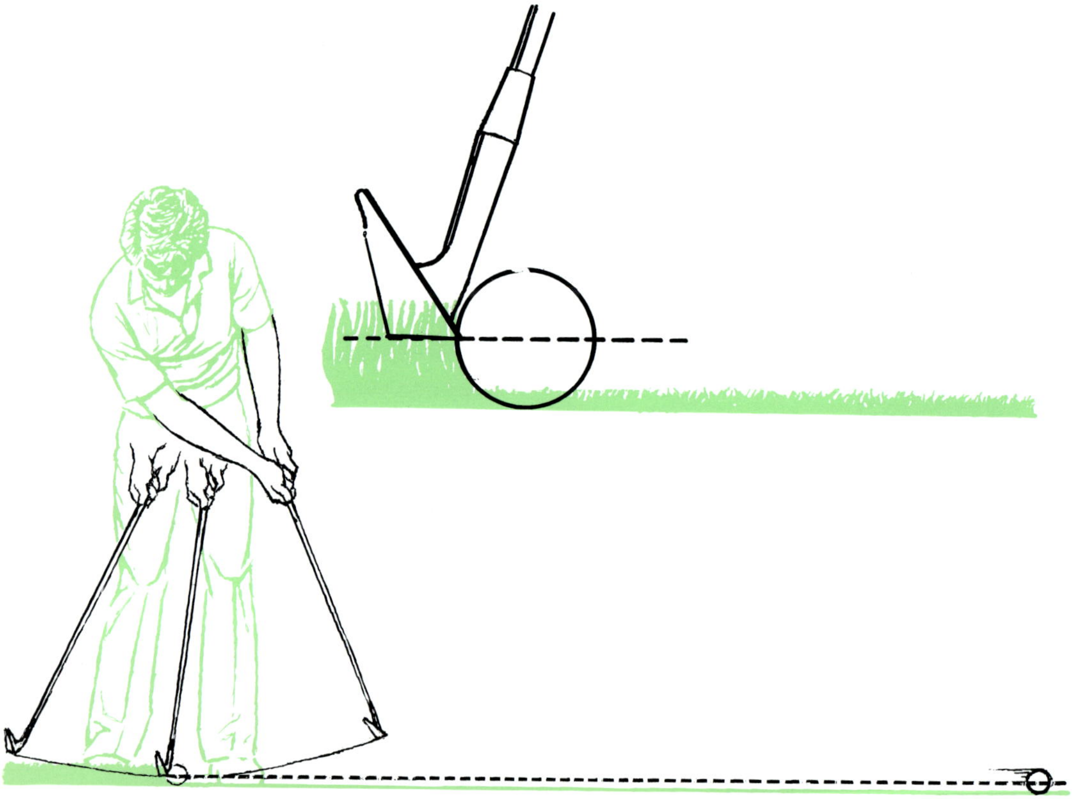

Chips von der Vorderkante hohen Grases

Liegt der Ball von der Fahne aus gesehen an der Vorderkante höheren und dichteren Grases, so spiele ich ihn nicht als normalen Chip, sondern als einen „bellied wedge" (Wedge auf dem Bauch). Diese Bezeichnung hat eine dreifache Bedeutung: Ich nehme einen Wedge mit einer geraden Unterkante oder ein Eisen 9 (also keinen Schläger mit runder Unterkante wie den Sand Wedge); ich greife und schwinge den Schläger wie bei einem Putt; und — was am wichtigsten ist — ich treffe mit der Unterkante des Schlägerblattes auf die Mitte des Balles.

Schlagen Sie diesen Ball genauso hart wie einen Putt der gleichen Länge, weil er genau wie ein Putt rollen wird.

Chips von glattem, hartem Untergrund

Bei diesen Schlägen müssen Sie so am Ball stehen, daß Sie ihn in jedem Fall vor dem Boden treffen. Dazu soll er genau zwischen den Füßen oder sogar leicht zum rechten Fuß hin liegen, so daß Sie ihn gerade noch im letzten Moment des Abwärtsschwunges treffen. Halten Sie die Hände gut vor dem Ball, und schwingen Sie im übrigen ganz normal. Ich werde für einen solchen Schlag niemals einen Sand Wedge nehmen, weil seine runde Unterkante von hartem Boden abprallt, und der Ball zwangsläufig mehr oder weniger getoppt wird.

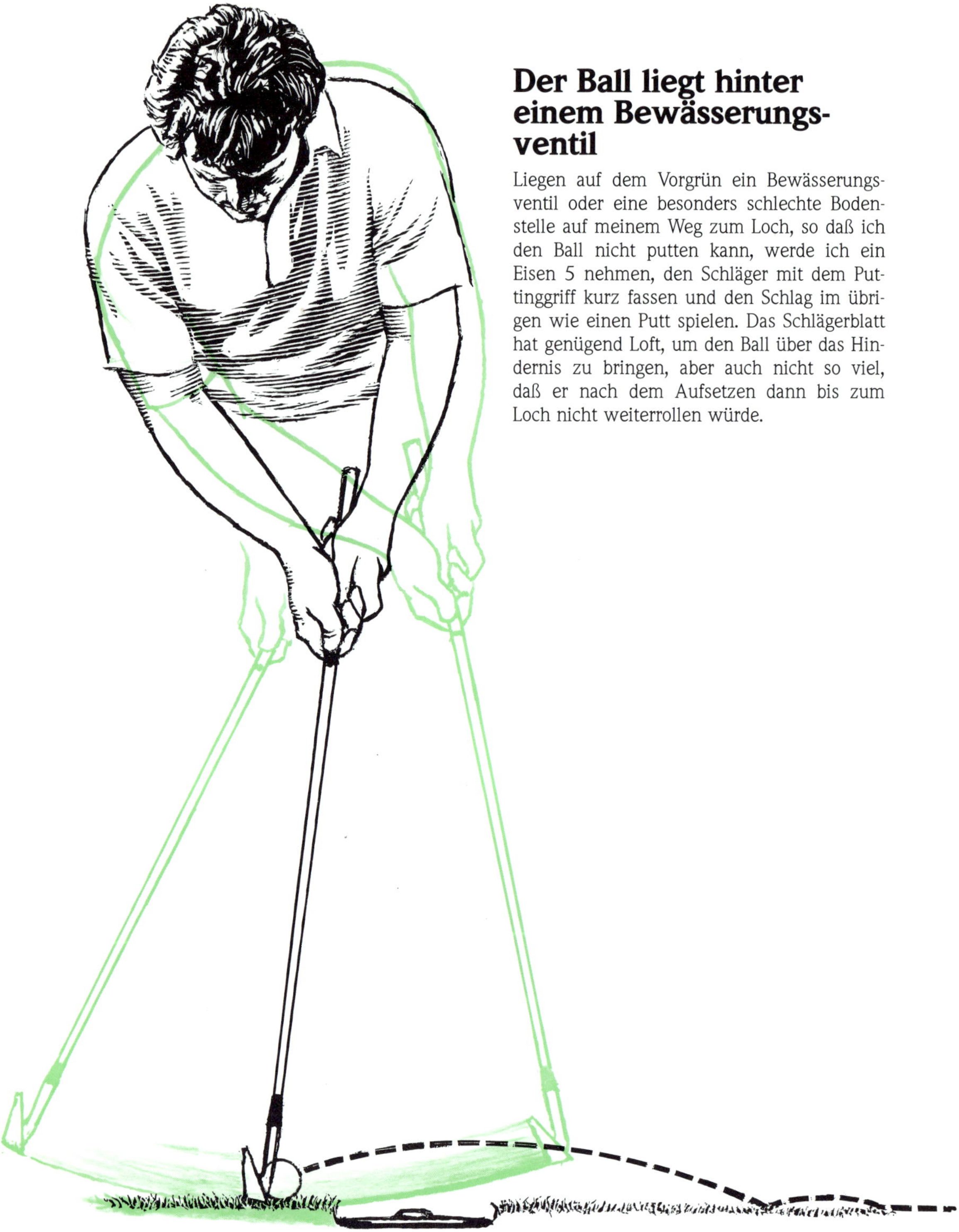

Der Ball liegt hinter einem Bewässerungsventil

Liegen auf dem Vorgrün ein Bewässerungsventil oder eine besonders schlechte Bodenstelle auf meinem Weg zum Loch, so daß ich den Ball nicht putten kann, werde ich ein Eisen 5 nehmen, den Schläger mit dem Puttinggriff kurz fassen und den Schlag im übrigen wie einen Putt spielen. Das Schlägerblatt hat genügend Loft, um den Ball über das Hindernis zu bringen, aber auch nicht so viel, daß er nach dem Aufsetzen dann bis zum Loch nicht weiterrollen würde.

Der Schlag vom Fuß eines Baumes

Dieser Chip kann Sie herausfordern, lange bevor Sie in der Nähe des Grüns sind. Liegt der Ball auf der falschen Seite eines Baumes, und Sie zögern verständlicherweise vor einem Linksschlag, so können Sie ihn nur sozusagen mit einem Backhand der rechten Hand (vorausgesetzt Sie sind Rechtshänder) aus dieser Lage befreien. Soll der Ball möglichst auch noch hochgehen, so nehmen Sie einen Wedge, stellen sich mit dem Rücken zum Ziel, richten das Schlägerblatt square aus; heben Sie nun den Schläger mit der rechten Hand hoch, und schlagen Sie von oben in den Ball hinein. Es ist ein Schlag fast ausschließlich mit dem Arm, ohne viel Handgelenk.

Es dürfte sich empfehlen, vorher ein paar Übungsschläge zu machen, um sicher zu wissen, wo der Schlägerkopf auf den Boden auftrifft.

Der besonders lange Chip

Ich habe mal einen Chip von 50 Metern gesehen – von Ben Crenshaw beim Byron Nelson Tournament in Preston Trail in Dallas –, und er war einer der besten, den ich je sah. Wir hatten starken Rückenwind, das Fairway war schnell, und das Grün lag offen vor uns, so wie es bei der British Open häufig vorkommt. Ben, schon immer ein Meister des kurzen Spiels, chippte den Ball mit einem Eisen 5. Er flog knapp 10 Meter und rollte dann, und rollte, bis er einen Meter vor dem Loch liegenblieb. Hätte er den Ball bei diesem starken Rückenwind mit einem Wedge als hohe Annäherung gespielt, wäre er vielleicht irgendwo gelandet.

Der allgemeine, normale Pitch

Einen Pitch richtig zu spielen, ist meiner Meinung nach für einen Golfer einer der schwierigsten Lernprozesse. Warum? Weil es darum geht, den Ball mit einem verkürzten und nicht vollen Schlag zu treffen. Sie müssen das Gefühl dafür entwickeln, wie weit der Ball zu schlagen ist; und Gefühl ist ja wohl der trügerischste aller Parameter im Golf.

Golfer üben fast ausschließlich den vollen Schwung, und nur wenige dehnen ihre Bemühungen auf den 30 bis 40 Meter Pitch aus. Einen vollen Schwung beherrscht man natürlich viel leichter, weil man in der Absicht, den Ball möglichst weit zu schlagen, mit jedem Schläger dabei mehr oder weniger immer den gleichen Schwung wiederholt. Soll der Ball mit einem bestimmten Schläger aber nicht maximal weit gehen, so muß der Schwung verkürzt, der Ball dabei aber trotzdem fest getroffen werden. Dieser Schlag jagt so manchem Golfer einen tiefen Schrecken ein; und Schläger wie auch Ball bekommen diese Einstellung dann zu „spüren".

Die beiden wichtigsten Voraussetzungen für einen guten Pitch sind die korrekte Stellung am Ball und ein fester durch den Ball hindurch beschleunigter Schwung. Stehen Sie also vor einem weniger als vollen Schlag, so müssen Sie sich auch auf einen weniger als vollen Rückschwung einstellen. Häufig wird dabei der Fehler gemacht, den Schläger zu weit zurückzuschwingen und ihn dann beim Schwung durch den Ball abzubremsen; so wie ein Boxer, der seine Schläge absichtlich zurückhält. Das ergibt dann natürlich schlecht getroffene und schiefe Bälle.

Wie beim Chip so kann ich auch beim Pitch nur dazu raten, den Ball mit möglichst wenig Drall zu spielen, weil seine Wirkung schwer unter Kontrolle zu halten und vorherzusagen ist. Den Ball exakt und mit viel Gefühl über Hindernisse an die Fahne zu pitchen, ist schon eine eigene Kunst und vermittelt ein ganz besonderes Erfolgserlebnis.

Der Pitch-Schlag

Im folgenden Kapitel über den Pitch sprechen wir über die Stellung am Ball, das Ausrichten der Hände vor dem Ball sowie den festen Schwung aus den Armen in harmonischem Zusammenwirken mit dem Einsatz der unteren Körperhälfte.

Die richtige Stellung beim Ansprechen führt zur richtigen Stellung im Treffmoment

Wie bei allen meinen Schlägen so ist auch beim Pitch meine Stellung beim Ansprechen weitgehend die gleiche wie im Treffmoment. Sie ist im Grunde nicht viel anders als meine Stellung beim Chip. Die Füße stehen leicht offen, so 10 bis 20 Grad, weil die linke Seite etwas offen und im Treffmoment aus dem Weg sein soll. Das Gewicht liegt etwas mehr auf dem linken Fuß und verstärkt auf dem Fußballen. Die Knie sind locker und mein Hinterteil herausgestreckt, so daß Oberkörper und Arme über dem Ball „hängen" können. Das Hinterteil ist also für mich wie ein „Ballast". Ist es richtig herausgestreckt, so wirkt es als Gegengewicht zum Oberkörper, der frei über dem Ball sein muß, damit die Arme ungehindert schwingen können, ohne bei Ab- und Durchschwung mit dem Körper zu kollidieren. Ich setze den Schlägerkopf nur ganz leicht auf.

Zwei falsche Stellungen beim Ansprechen möchte ich Ihnen beschreiben:

1. Der Spieler steht zu aufrecht und sein Oberkörper hängt demzufolge nicht frei über dem Ball. Der Oberkörper muß sich dann entweder beim Rückschwung nachträglich nach vorn beugen oder sich zu sehr horizontal verdrehen. Dann aber schwingen Arme und Schläger zu flach um den Körper herum. In beiden Fällen ist die Balance gefährdet, das Timing schlecht.

2. Die Knie sind steif, und der Oberkörper fällt dadurch sozusagen über den Ball, wodurch das Körpergewicht viel zu sehr auf die Zehen verlagert wird. Wenn Sie den Ball dann trotzdem noch gut treffen wollen, müssen Ihre Hände und Augen sich schon ganz besonders gut koordinieren, weil Sie bei geraden Knien das Gewicht nicht richtig verlagern können.

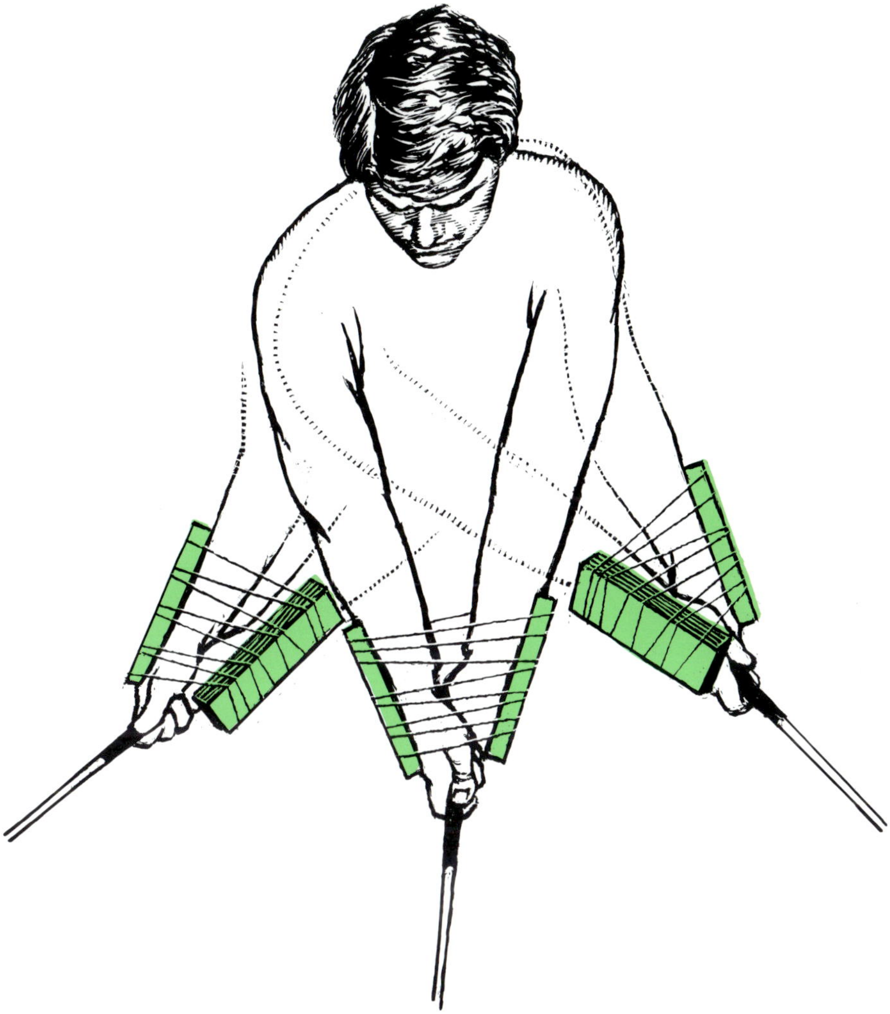

Verhindern Sie einen zu starken Einsatz der Handgelenke durch das Anlegen von „Schienen"

Spieler wie Tom Weiskopf, der zu den größten Pitchern gehört, setzen Hände und Handgelenke nur minimal ein. Ich versuche, einen zu starken Einsatz dadurch zu verhindern, daß ich mir vorstelle, die Handgelenke seien in Schienen eingebunden. Beim Einsetzen des Rückschwunges können Hände und Arme dann nur als eine fest verbundene Einheit zur Wirkung kommen. (Beginnen Sie den Rückschwung keinesfalls nur mit den Händen – Hände und Arme müssen unbedingt zusammenwirken.) Erst wenn der rechte Ellbogen sich im Rückschwung abwinkelt, können die Handgelenke dies auch tun.

Achten Sie jedoch darauf, die Handgelenke nicht „einzufrieren", indem Sie den Schläger zu fest packen. Dadurch verlieren Sie nur das Gefühl für den Schlag. Der Griff sollte nur gerade so fest sein, daß der Schläger in der Hand nicht ins Rutschen kommen kann.

Ich empfehle Ihnen die „Schaukelstuhlbewegung" nach Byron Nelson

Der Pitch wird im gleichen Maß leichter und sicherer, in dem das Timing zwischen dem Einsatz der Arme und Hände und der Gewichtsverlagerung der unteren Körperhälfte besser wird. Bleibt die untere Körperhälfte zu unbeweglich, so wirkt sich das zwangsläufig auf die Schwungbahn des Schlägerkopfes durch den Ball hindurch aus. Der Spieler hat dann — wie ich es nenne — „Zementbeine".

Stehen Sie also nicht steif und still da, und schwingen Sie nur mit den Händen und Armen. Legen Sie vielmehr auch Ihre Hüften und Knie in den Schlag. Wie? Als Vorbild dient mir Byron Nelson, dessen kurzer, kompakter Pitch-Schwung ein exzellentes Zusammenwirken von Ober- und Unterkörper darstellte. Byron bezeichnet dieses Zusammenwirken als „Schaukelstuhlbewegung", aus der heraus er den Ball mit großer Regelmäßigkeit sicher und sauber treffen kann. Das Gewicht liegt anfangs mehr links und verlagert sich im Lauf des Schwunges zuerst nach rechts und dann wieder zurück auf die linke Seite. Während dieser Gewichtsverlagerung von rechts nach links wird der Ball getroffen; und bei Byron stets sicher und gerade. Vor und nach dem Treffmoment war seine Schlagfläche länger square ausgerichtet, als ich es bei irgendeinem anderen Spieler je gesehen habe — über eine Strecke von gut 30 Zentimeter, und zwar nicht nur beim Pitch, sondern auch bei einem vollen Schwung.

Byron zeigte mir, daß man im Treffmoment Hüften und Ellbogen in ihre Ausgangslage beim Ansprechen zurückbringen muß, und daß man dadurch ein harmonisches Zusammenwirken von Armen und Unterkörper sicherstellt.

Beschleunigen Sie den Schlägerkopf, aber vermeiden Sie ein Überschwingen

Tom Kite, ein Meister des Pitches mit dem Wedge auf Entfernungen zwischen 30 und 40 Metern, vermeidet ganz bewußt den so häufig anzutreffenden Fehler, nämlich den Schläger im Treffmoment abzubremsen. Er konzentriert sich darauf, im Rückschwung und Durchschwung gleich weit zu schwingen. Spieler mit hohem Handicap vergessen dabei nur allzu leicht die Gewichtsverlagerung. In dem Bemühen, dem Schlägerkopf die gleiche Geschwindigkeit zu geben, die er bei kürzerem Schwung und korrekter Gewichtsverlagerung bekommen hätte, schwingen sie ihre Schläger zu weit zurück. Neigen Sie selber zum Überschwingen – dann schwingen Sie Ihren Schläger kürzer zurück und beschleunigen ihn bewußter durch den Ball.

Schwingen Sie die rechte Hand unter der Schulter hindurch

Beim Golf schwingen die Hände unter den Schultern hindurch. Da wir den Schläger von oben auf den Ball hinunterschwingen, können rechter Arm und rechte Hand beim Treffen des Balles nur unter den Schultern hindurchschwingen. Sie können sich das selbst dadurch demonstrieren, daß Sie einen Ball mit der rechten Hand unter der Schulter hindurch zum Ziel werfen. Das ist der gleiche Bewegungsablauf wie beim Golfschwung.

Die Rückkehr des rechten Ellbogens

Viele gute Lehrer und auch Spieler haben diesen Punkt immer wieder unterstrichen, und ich kann ihnen nur recht geben: Der Schlüssel zu einem korrekten Schwung unter der Schulter hindurch liegt darin, daß man den rechten Ellbogen im Abschwung möglichst nahe am Körper hält. Durch das Aufdrehen der Schultern und den Rückschwung der Arme und Hände kann der rechte Ellbogen im Rückschwung frei schwingen; beim Abschwung aber muß er nahe am Körper gehalten werden.

Manche guten Spieler lassen den rechten Ellbogen im Abschwung sogar fühlbar an der rechten Hüfte vorbeistreichen. Bleibt der rechte Ellbogen nahe an der rechten Seite, so wird das Strecken der ganzen rechten Seite zuverlässiger und im optimalen Timing ablaufen.

Die innere Einstellung

Sobald Sie erst einmal den Pitch als solchen in seinem mechanischen Ablauf erfaßt haben, handelt es sich als nächstes darum, daß Sie sich den Schlag vor seiner Ausführung richtig vorstellen können. Ich habe das schon einmal in bezug auf das kurze Spiel herausgestellt, möchte es aber gerade für den Pitch noch einmal unterstreichen, weil die meisten Golfer diese Regel vergessen, je weiter sie vom Loch entfernt sind.

Als erstes müssen Sie die Stelle festlegen, an der Ihr Ball aufsetzen soll. Das ist vorzugsweise das Grün, und zwar nach Möglichkeit eine ebene Stelle. Bei einem Schlag von 30 bis 40 Metern kann es sich lohnen, schnell vorzulaufen und sich den „Landeplatz" vorher anzuschauen.

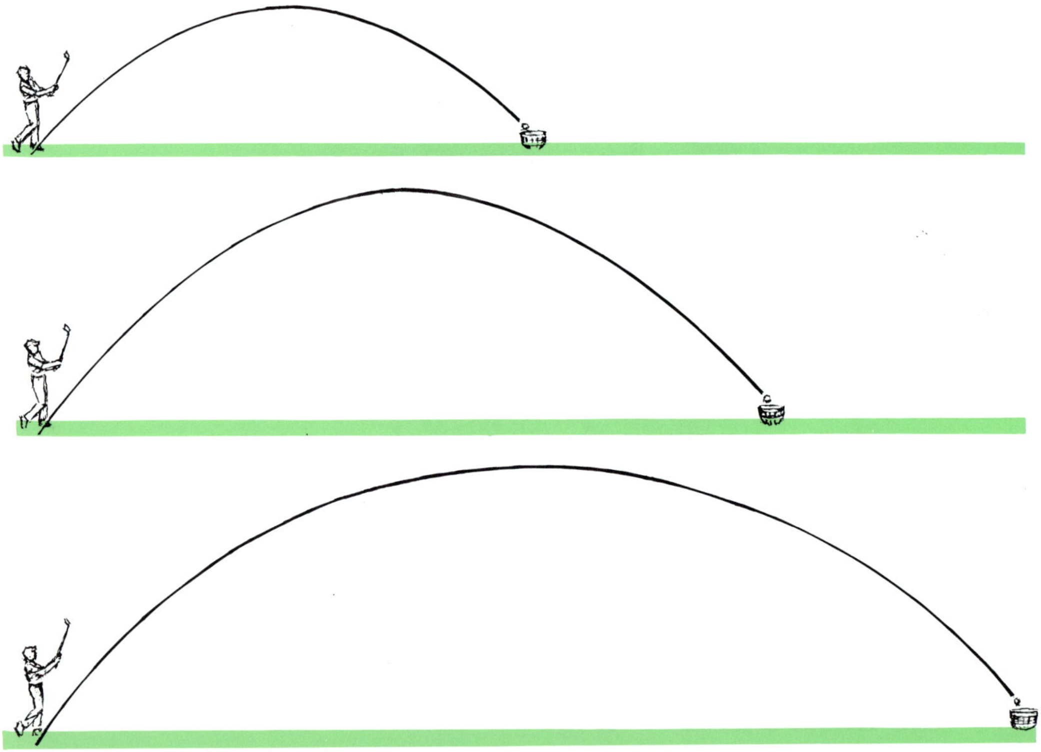

Pitchen Sie auf verschiedene Ziele

Suchen Sie sich Ziele in, sagen wir mal, 15 bis 25 und 40 Metern Entfernung, und spielen Sie dieselben im Wechsel an. Zuerst das nächstliegende und dann weiter bis zum entferntesten. Danach die Ziele im Wechsel.

Manchmal versuche ich auch, den Ball mit ein und demselben Schläger verschieden hoch zu schlagen, zum Beispiel wie hoch oder wie flach ich den Ball mit dem Sand Wedge auf die verschiedenen Ziele schlagen kann.

Üben Sie auch aus schlechten Lagen

Wird Ihr Ball immer gut liegen? Sicherlich nicht! Üben Sie also auch aus schlechten Lagen, um zu sehen, wie der Ball dann fliegt – also zum Beispiel aus dem Rough. Damit vermeiden Sie unangenehme Überraschungen auf der Runde. Viele Golfer üben vielleicht einmal aus einer schlechten Lage; aber sicher nicht zehnmal. Und das ist unumgänglich, wenn man ein guter Spieler werden will.

Üben Sie unterschiedliche Schläge mit ein und demselben Schläger

Das ist schon erheblich schwerer, aber vor allem für bessere Spieler sehr zu empfehlen. Ich verteile meine Bälle im Gelände um ein interessantes Grün herum und spiele sie als Chip oder Pitch, aber alle mit demselben Schläger, zum Beispiel einem Eisen 7. So lernt man, Schläge zu planen und zu improvisieren.

Wollen Sie zum Beispiel ein Eisen 7 über einen Bunker an eine dicht dahinterliegende Fahne schlagen, so drehen Sie das Schlägerblatt weit auf, halten ziemlich weit nach links, schwingen nach außen zurück und schneiden dann von außen nach innen unter dem Ball hindurch. Die meisten Golfer haben kaum eine Ahnung, wie sie einen solchen Schlag spielen sollten, können sich ihn aber mit etwas Phantasie vielleicht zumindest vorstellen. Gerade solche Schläge muß man aber vorher genau überlegen. Und diese Fähigkeit läßt sich durch diese Übung – speziell in bezug auf schwierige Schläge – so verbessern, daß sie einem direkt Spaß machen.

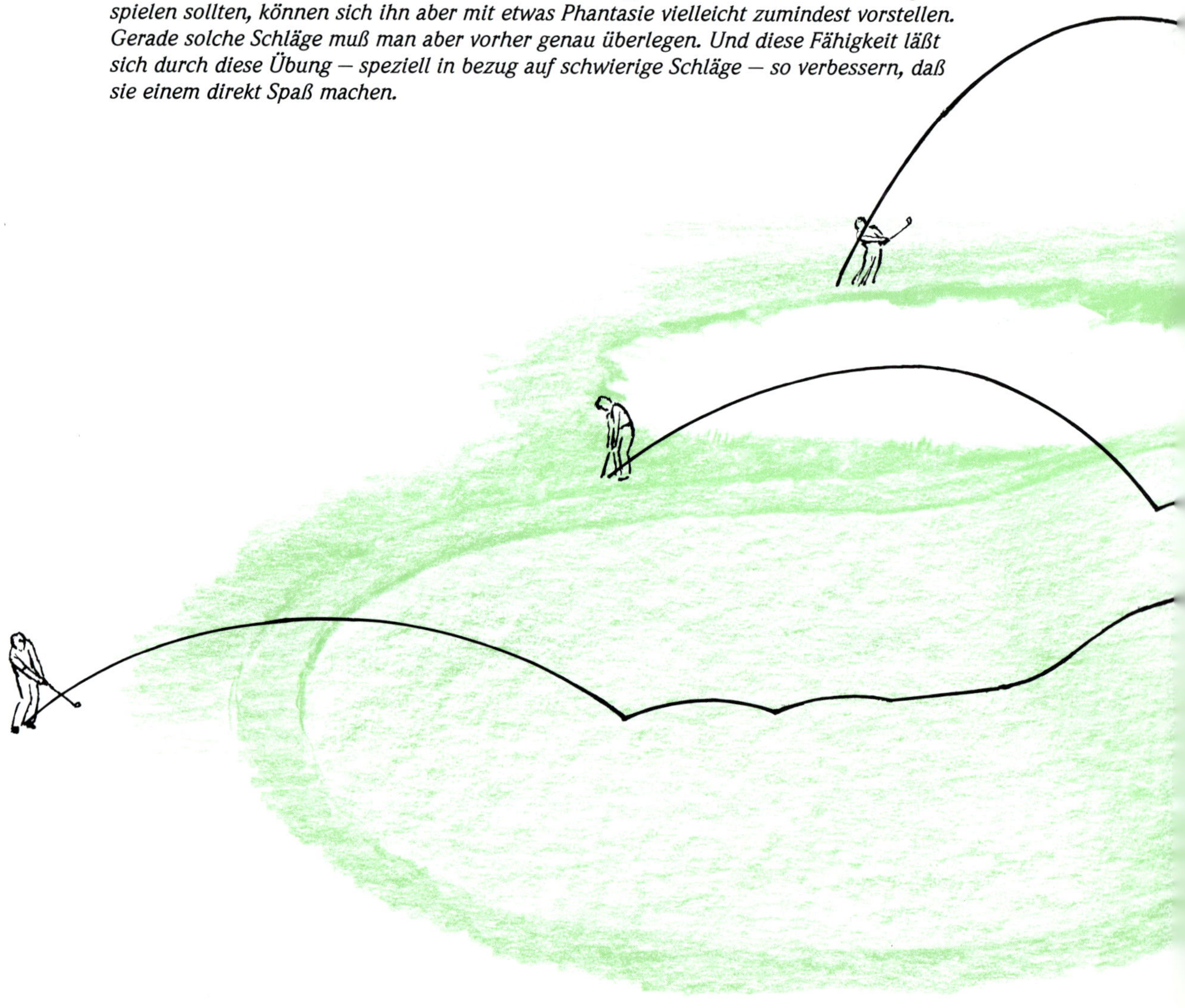

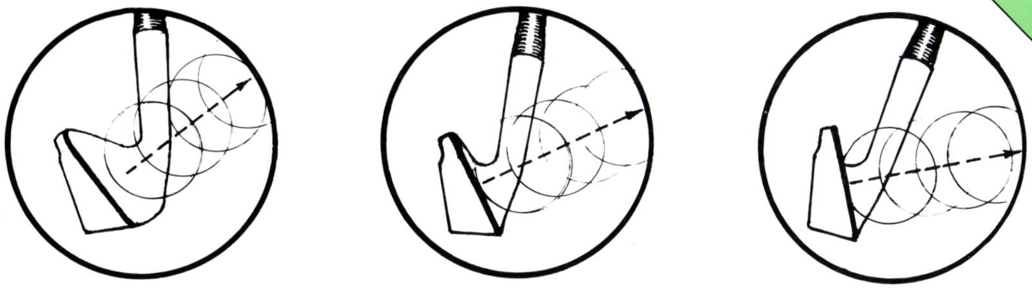

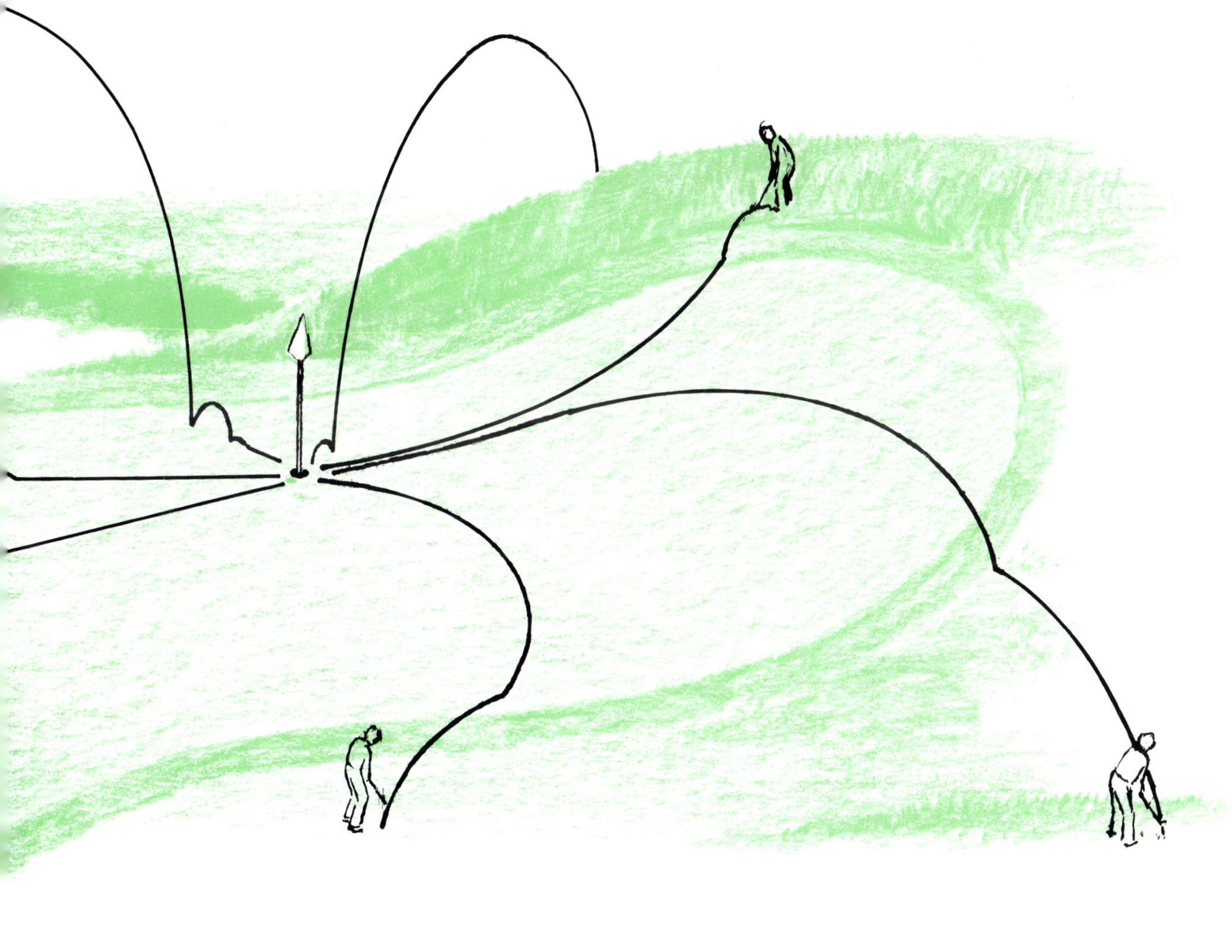

Besondere Pitches

Golf ist nicht zuletzt deshalb so faszinierend, weil kein Schlag dem anderen genau gleicht. Den normalen Pitch-Schwung werden Ihre Muskeln bald von allein ausführen; jede einzelne Situation oder Lage des Balles aber wird Ihre Phantasie immer wieder vor eine neue Aufgabe stellen.

Im folgenden Kapitel wollen wir die am häufigsten vorkommenden Spezial-Pitches besprechen: den hohen Schlag über einen Bunker, den „Pitch and Run", den flachen als „Punch" gespielten Ball und einige andere. Mit dem daraus resultierenden Wissen sollten Sie dann eigentlich in der Lage sein, mit allen Situationen auf einer Runde fertigzuwerden, müssen aber meine Ratschläge selbstverständlich den jeweiligen Umständen anpassen. Sie müssen also aus ganz besonders schwierigen und ungewöhnlichen Lagen einen Schlag „erfinden". Dieser kreative Aspekt aber macht ja gerade den Reiz dieses Spiels aus.

Während einer Übungsrunde für die World Series of Golf war ich am neunten Loch in Firestone in einer Lage, in der mir zuerst überhaupt kein Schlag einfiel. Ich war nur knapp 30 Meter von der Fahne; aber das Gelände fiel zuerst von rechts nach links und auf dem Grün dann zum Loch hin ab. Spielte ich den Ball kurz auf den seitlichen Hang, mußte er nach links abspringen, spielte ich ihn hoch auf das Grün, mußte er auf dem zum Loch hin abfallenden Hang viel zu weit gehen. Es gab offenbar keine Zwischenlösung. Und wenn ich den Ball als „Run-up" über das Vorgrün spielte, so war die Chance, ihn mit der genau abgemessenen Stärke zu schlagen, 1 zu 20.

Ich probierte den Schlag zehn Minuten lang mit einem Pitching Wedge und konnte den Ball kein einziges Mal bis auf 1.5 Meter an die Fahne bringen. Dann versuchte ich es mit einem ganz normal geschlagenen Sand Wedge. Aber auch hier ging von 20 Bällen keiner richtig an die Fahne. Schließlich drehte ich das Schlägerblatt des Sand Wedges weit auf und schlug den Ball mit einem vollen Schwung fast senkrecht in die Luft. Dieser von mir in Firestone konzipierte Ballonschlag ersparte mir in der folgenden Meisterschaftswoche sicher ein paar Schläge; und darum will ich dieses Kapitel auch damit anfangen, Ihnen zu zeigen, wie ich gerade diesen speziellen Schlag gespielt habe.

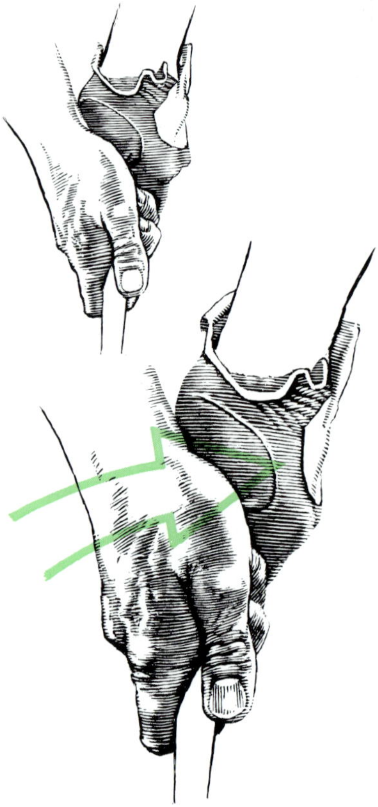

Denken Sie beim steilen, hohen Lob nur an „offen"

Oft sind wir gezwungen, einen hohen, nur ganz kurz ausrollenden Ball zu spielen — so zum Beispiel über einen Bunker an die direkt dahinter stehende Fahne. Ein solch kurzer, hoher Ball ist im Grunde gar nicht schwer, wird aber häufig falsch gedacht und falsch gespielt, weil der Spieler Angst hat.

Bei halbwegs brauchbarer Lage des Balles nehme ich dafür immer einen Sand Wedge. Um den Ball richtig zu schlagen, muß man Griff, Stand und Schlägerblatt so ausrichten, daß es im Treffmoment den höchstmöglichen Loft aufweist. Also schon beim Ansprechen des Balles ein offenes Schlägerblatt und ein „schwacher" Griff. Setzen Sie den Schlägerkopf so hinter dem Ball auf, daß die Schlagfläche etwa um 20 Grad nach rechts vom Ziel zeigt. Um Ihren Griff entsprechend abzuschwächen, drehen Sie beide Hände am Schlägerschaft etwas gegen den Uhrzeigersinn, so daß der linke Daumen gerade auf dem Schaft liegt und nach unten zeigt; wobei das Schlägerblatt aber unbedingt um 20 Grad aufgedreht bleiben muß. Richten Sie nun Ihren Körper um 20 Grad nach links vom Ziel aus, um dadurch das Aufdrehen des Schlägerblattes um 20 Grad auszugleichen. Jetzt kommt der Schwung.

Ich schwinge genau auf der Linie meiner um 20 Grad nach links vom Ziel ausgerichteten Füße. Dabei konzentriere ich mich besonders darauf, daß die Knöchel meiner linken Hand im Durchschwung senkrecht in die Luft zeigen. Dadurch erreiche ich, daß mein Schlägerblatt während des ganzen Durchschwunges wirklich aufgedreht bleibt, daß der Ball steil hochgeht und nach dem Aufsetzen nur ganz kurz ausrollt.

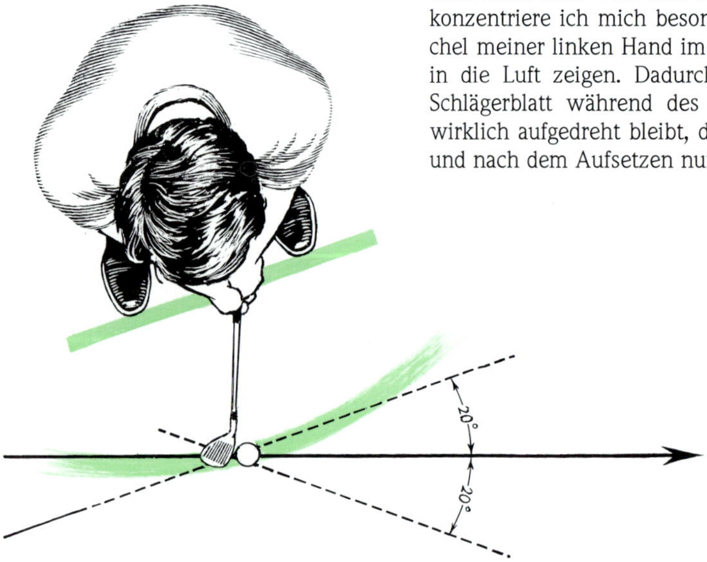

JA
NEIN

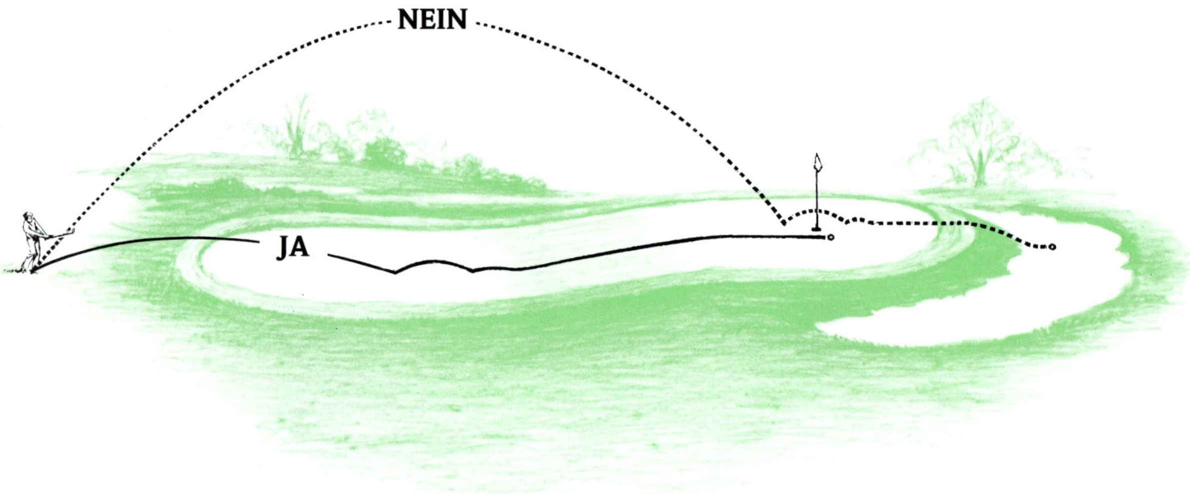

Der Pitch and Run

Dieser Schlag ergibt sich dann, wenn die Fahne am hinteren Ende eines Zwei-Stufen-Grüns steht, und Sie den Ball mit einem hohen Schlag auf die zweite Grünstufe nicht zum Stehen bringen können; oder wenn die Fahne ganz vorne steht, und das Grün sehr hart ist. Ich setze den Ball lieber auf dem Grün auf als davor, vor allem bei einem weichen Vorgrün; aber manchmal hat man gar keine Wahl.

In jedem Fall müssen Sie diesen Schlag in zwei Teilen sehen: einen Teil in der Luft, und den anderen am Boden. Wie beim Chippen, ist auch hier die Bestimmung des Landeplatzes nicht ganz einfach. Er sollte wenn irgend möglich auf einer ebenen, eher weichen Fläche sein, so daß Sie Aufspringen und Ausrollen des Balles einigermaßen sicher vorausberechnen können.

Ich spiele diese Schläge im allgemeinen mit einem Eisen 8 oder 9 und in der gleichen Weise wie einen Chip.

Der schnell abstoppende, flache Ball (Punch)

Es kann schon mal vorkommen, daß Sie unter Baumästen hindurch über einen Bunker hinweg einen flachen Ball spielen müssen, der trotzdem nur wenig ausrollen darf. Das ist dann eine der seltenen Gelegenheiten, bei der ich den Ball mit Backspin spiele. Um ihm in dieser Situation überhaupt Backspin geben zu können, muß der Ball einigermaßen liegen. Aus dikkem Rough wäre das unmöglich. Außerdem sollte die Grünfläche bis zur Fahne möglichst groß sein; denn selbst mit starkem Backspin wird ein so flach geschlagener Ball weiter ausrollen als ein hoher Pitch. Zur Erzielung eines maximalen Backspins nehmen Sie am besten ein Eisen 9, einen Pitching Wedge oder Sand Wedge, und spielen Sie den Ball betont vom rechten Fuß. Das Gewicht liegt während des ganzen Schlages mehr auf der linken Seite. Diese Kombination von Ball-Lage mehr rechts und Gewicht mehr links verringert den Loft des Schlägers und ergibt gleichzeitig eine steiler in den Ball hinein verlaufende Schwungbahn des Schlägerkopfes. Sie müssen in diesem Fall den Ball unbedingt zuerst, das heißt vor dem Boden treffen und dann den Schlägerkopf flach in Richtung auf das Ziel durchschwingen. Dadurch bleibt auch der Ball flach und bekommt den nötigen Backspin.

Der Pitch aus einem Divot

Liegt der Ball in einem Divot, was leider gar nicht so selten ist, so kommt es beim Schlag vor allem darauf an, zuerst den Ball und dann den Boden zu treffen. Liegt der Ball in der Mitte eines breiten Divots, so ist das nicht so tragisch. Sie müssen dann etwas steiler von oben in den Ball hineinschlagen, um ihn sicher vor dem Boden zu treffen; aber der Schlag ist längst nicht so gefährlich, wie vielfach angenommen wird.

Schlimm ist es, wenn der Ball an der hinteren Kante des Divots liegt. Dann ist es etwa so, als wenn Sie aus tiefem Rough herausschlagen müßten, vor allem, wenn es bis zum Grün noch ein weiter Weg ist. Legen Sie in dieser Lage Ihr Gewicht etwas nach links, spielen Sie den Ball etwas aus der Mitte der Füße, schwingen Sie den Schläger relativ steil zurück und dann von oben in den Ball hinein. Auch hier unbedingt den Ball noch im Abschwung treffen, wenn es dadurch vielleicht auch etwas „dünn" wird. Er wird aber immerhin einigermaßen weit fliegen. Schlagen Sie dagegen hinter dem Ball in den Boden, so wird er höchstens einen kleinen Hupfer machen.

Liegt der Ball an der Vorderkante eines womöglich noch tiefen Divots, so sind Sie praktisch verloren. Schwingen Sie ganz normal, denken Sie aber daran, daß der Ball steil in die Luft gehen wird. Er kann auch, je nach Lage des Divots, seitwärts ausbrechen. Beim Schlag aus einem tiefen Divot können Sie sich sehr weh tun. Versuchen Sie dann nur, so gut es eben geht herauszukommen, ohne etwas anderes zu schädigen als Ihren Score.

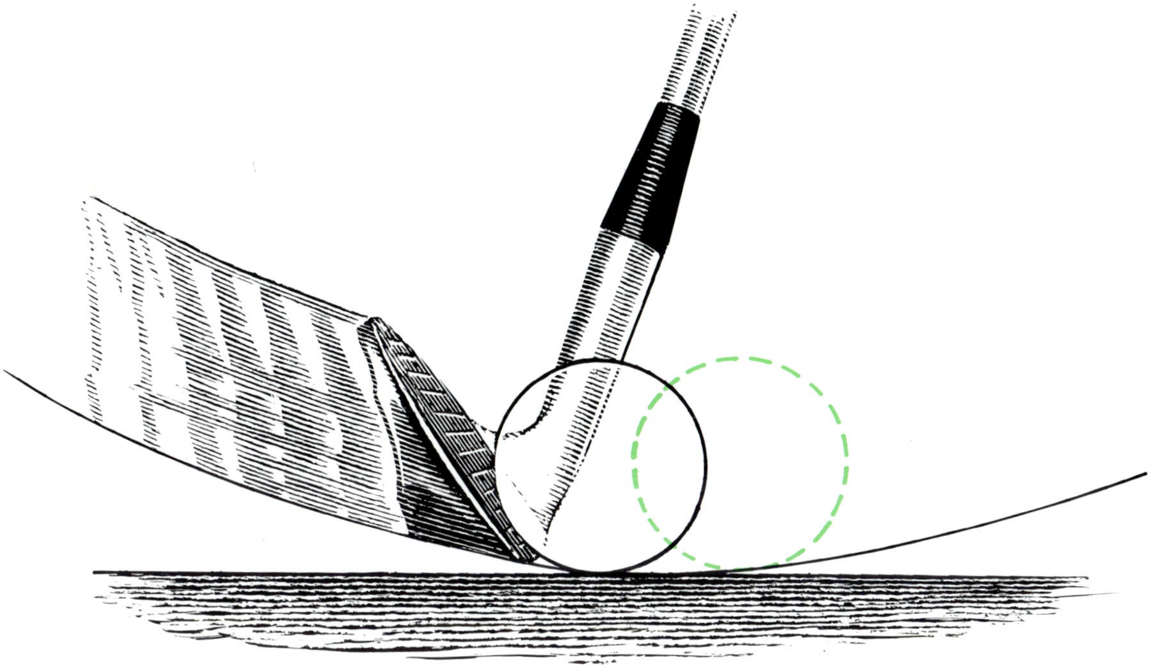

Der Pitch von hartem Untergrund

Dieser Schlag ist nicht so schwer, wie vielfach angenommen wird. Ich spiele ihn viel lieber als etwa aus tiefem Rough. Von hartem Untergrund können Sie den Ball mit viel Backspin spielen und ihn dadurch auf dem Grün halten, vorausgesetzt, daß Sie ihn exakt treffen.

Wie beim Schlag aus einem Divot müssen Sie auch hier den Ball vor dem Boden treffen, weil der Spielraum für Schlagfehler bei hartem Untergrund sehr viel geringer ist als aus einer weichen Graslage. Aus Sicherheitsgründen würde ich außerdem eher zum Pitching Wedge als zum Sand Wedge raten und das Schlägerblatt square zum Ziel ausrichten. Die runde Sohle des Sand Wedge läßt den Schläger auf hartem Untergrund nämlich leicht abprallen, so daß Sie Gefahr laufen, den Ball zu dünn zu treffen und zu toppen. Der Pitching Wedge wird mit seiner geraden Unterseite dagegen unter dem Ball hindurchgleiten.

Ihre Stellung am Ball wird derjenigen bei einem flachen „Punch Shot" gleichen. Nicht zu sehr, aber doch etwas mehr als bei einem Pitch aus guter Lage, sollte der Ball auch hier vom rechten Fuß gespielt werden. Dadurch bleiben Ihre Hände im Schlag vor dem Schlägerkopf. Auch bei diesem Schlag bleibt das Gewicht eher auf der linken Seite, weil es dann leichter ist, im Abschwung den Ball vor dem Boden zu treffen. Der Schwung sollte ganz normal sein und von der linken Hand durch den Ball hindurchgeführt werden.

Der Pitch aus tiefem Rough

Bei diesem Schlag konzentriere ich mich ganz darauf, steil zurückzuschwingen. Kommen Sie nämlich zu flach an den Ball (wie bei einem normalen, guten Schwung), so wird das dichte Gras den Schlägerkopf abbremsen oder sogar stoppen. Nur bei einem steilen Schlag von oben in den Ball hinein wird im Treffmoment wenig Gras zwischen Schlägerblatt und Ball sein.

Für einen solchen steilen Rückschwung hebe ich den Schläger (auch hier nehme ich den Sand Wedge) mit dem Arm mehr als daß ich ihn flach nach hinten schwinge. Das steile Hochheben ergibt einen steilen Abschwung, und der Schlägerkopf kann auch im tiefen Rough den Ball leichter erreichen.

Wie beim „Lob-Shot" spiele ich auch diesen Schlag mit aufgedrehtem Schlägerblatt und aus einem offenen Stand. Der einzige Unterschied besteht darin, daß ich den Ball aus einer schlechten Lage mehr vom rechten Fuß spiele.

Vergessen Sie dabei nicht, daß ein so gespielter Ball auf dem Grün weiter ausrollt.

Der Pitch vom losen Sand

Manchmal findet man seinen Ball auf losem Sand, der aus einem Bunker herausgeweht ist. Je nach Lage des Balles kann man ihn auf zwei verschiedenen Weisen spielen.

Liegt der Ball einigermaßen hoch, so bemühe ich mich, ihn vor dem Boden zu treffen. Dazu lege ich mein Gewicht etwas auf die linke Seite und spiele den Ball mehr vom rechten Fuß als bei einem normalen Schlag. Ich nehme einen Pitching Wedge oder ein Eisen 9 und richte die Schlagfläche square zum Ziel hin aus. Ich achte besonders darauf, daß meine linke Hand den ganzen Schlag durch den Ball hindurch führt (keinesfalls darf man nachlassen, so daß die rechte Hand über die linke kreuzen würde.) Auf diese Weise werde ich den Ball wahrscheinlich dünn treffen oder beinahe toppen, aber das ist immer noch besser, als ein fetter Schlag, mit dem ich viel zu kurz bleiben würde.

Liegt der Ball im losen Sand schlecht oder ist er womöglich sogar halb eingebohrt, so spiele ich ihn mit dem Sand Wedge wie einen Bunkerschlag. Im nächsten Kapitel mehr darüber!

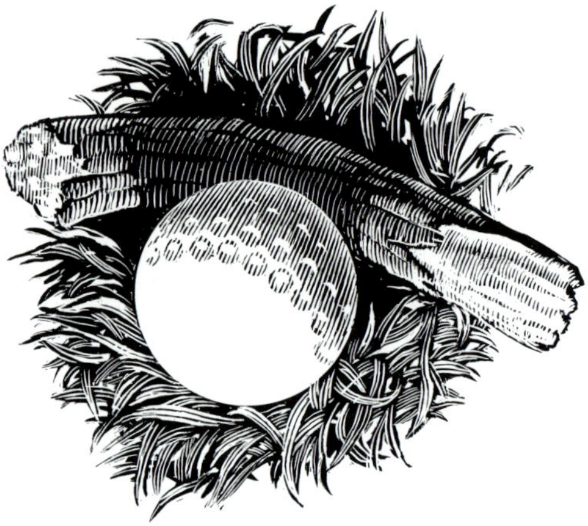

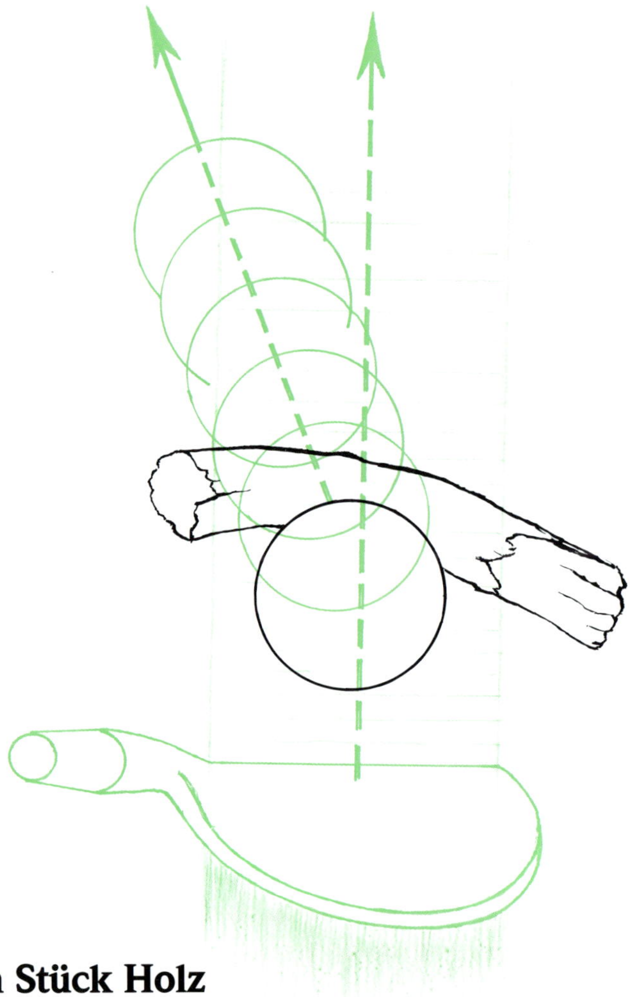

Der Ball liegt an einem Stück Holz

Gelegentlich kann es sogar vorkommen, daß Ihr Ball so an einem relativ großen Stück Holz liegt, daß Sie es nicht wegnehmen könnten, ohne den Ball dabei zu bewegen. Nehmen wir an, das Stück Holz liegt vor dem Ball – liegt es gar hinter dem Ball, so schaut es allerdings ganz böse aus.

Liegt das Holz square zu Ihrer Linie zum Ziel, so wird der Ball wahrscheinlich gerade gehen, aber zu hoch und zu kurz sein. Um das Grün zu erreichen, müssen Sie also entsprechend stärker schlagen.

Liegt das Stück Holz dagegen in einem Winkel zu Ihrer Linie zum Ziel, so wird der Ball in der jeweiligen Richtung ausbrechen. Um das auszugleichen, müssen Sie den Schlag entsprechend in die entgegengesetzte Richtung ausrichten. Weist das Stück Holz nach links, ziehen Sie nach rechts. Das Maß ist dabei Gefühls- oder Erfahrungssache. Es ist wie ein Bandenstoß beim Billard – überlegen Sie, in welchem Winkel der Ball ausbrechen wird, und halten Sie entsprechend dagegen. Und vergessen Sie nicht: Der Ball fliegt eher hoch und zu kurz.

Ich spiele den Ball in den Seitenwind hinein

Wind kann einen Pitch stärker beeinflussen, als den meisten Golfern lieb ist. Als erfahrener Golfer spiele ich meinen Ball bewußt in den Seitenwind hinein, damit er so zum Ziel geht. Und ich kann das nur jedem empfehlen, vorausgesetzt, er ist in der Lage, seinen Ball mit einem absichtlichen Hook oder Slice zu spielen. Ein starker Seitenwind von rechts nach links verlangt schon einen veritablen Slice, wenn der Ball ein kleines Grün erreichen soll.

Spielen Sie den Ball nämlich gerade in den Wind, so daß er ihn dann zum Grün hin ablenkt, so steht Ihnen nur ein relativ kleines Zielgebiet zur Verfügung, weil der Ball dann in einem Winkel aufkommt und bei einem harten Grün dann leicht darüber hinausläuft. Deshalb mögen Tour-Pros nur weiche Grüns.

Backspin – und warum ich ihn vermeide

Begeisterte Golfer sind immer wieder fasziniert, wenn sie am Fernseher miterleben, wie ein halber Wedge auf dem Grün aufsetzt, sofort stoppt und dann zurückläuft, so als ob er an einer Schnur gezogen würde. Lee Trevino ist ein Meister dieses Schlages. Er lernte sein Golf auf den harten Plätzen in Texas, wo man ohne diesen kleinen Trickschlag kaum auskommt.

Ich persönlich schätze diesen Schlag nicht und würde ihn auch nicht empfehlen, weil sein Resultat schwer vorherzubestimmen ist. Lee ist so talentiert und hat soviel Erfahrung, daß er diesen Schlag beherrscht. Aber er ist darin eine Ausnahme. Ich spiele diesen Schlag nur in den seltenen Fällen eines Pitches von hartem Untergrund, wenn ich eigentlich gar keine andere Wahl habe.

Wenn Sie es mal versuchen wollen, so spielen Sie den Ball ganz vom rechten Fuß, und schlagen Sie mit einem kurzen festen Schwung hart von oben in den Ball hinein. Treffen Sie den Ball dabei ganz exakt, so können Sie ihm einen starken Backspin geben. Backspin ergibt sich eigentlich immer dann, wenn man den Ball richtig fest trifft; und jeder in die Luft gehende Ball hat ihn bis zu einem gewissen Grad. (Ein „Flyer" ist ein Ball mit weniger Backspin, der in einer paraboloiden Bahn fliegt.) Diese Antwort ist für die meisten Golfer aber unbefriedigend. Also füge ich hinzu, daß man den Ball vom rechten Fuß (zwischen der Mitte der Füße und der rechten Fußspitze) spielen muß, und daß er dann den richtigen Backspin bekommt. Er wird allerdings niedriger und womöglich auch etwas weiter fliegen. In dem Bemühen, dem Ball einen Extra-Backspin zu geben, habe ich oft nicht den gewünschten Erfolg gehabt, weil ich den Ball entweder nicht ganz sauber getroffen habe oder weil im Treffmoment Gras zwischen Schlagfläche und Ball kam, was den Backspin damit weitgehend reduzierte und den Ball weit über das Loch hinausgehen ließ. Bogey!

Spiel aus dem Sand

Der allgemeine, normale Bunkerschlag

Es ist nicht immer leicht, den für eine Meisterschaft entscheidenden Schlag zu bestimmen; aber bei den Masters 1981 war in Augusta kein Schlag für mich so wichtig wie der Bunkerschlag am 17. Loch am Schlußtag. Ich werde ihn sobald nicht vergessen. Jack Nicklaus spielte vor mir, hatte am 15. und 16. Loch je ein Birdie geschafft und meinen Vorsprung dadurch auf zwei Schläge reduziert. Gelang mir am 17. Loch nicht das Par und ihm am 18. das Birdie, so hätten wir den gleichen Score.

Es war ein schwerer, langer Aufwärtsschlag aus dem Bunker. Ich durfte keinesfalls zuviel Sand mitnehmen. Über die Technik des Schlages werde ich nachher mehr sagen. Der Schlag war perfekt, und der Ball endete etwas über einen Meter rechts von der Fahne. Als ich den Ball einlochte, war mir klar, daß ich den grünen Blazer zum zweiten Mal gewonnen hatte.

Es war nicht das erste Mal, daß ich durch gutes Bunkerspiel mehr als ein Par retten konnte, und es wird hoffentlich nicht das letzte Mal sein. In diesem Kapitel will ich Sie mit den Grundprinzipien meines Bunkerspiels vertraut machen und im nächsten dann einige der Spezialschläge behandeln, denen man so oft begegnet, wie dem eingebohrten Ball, Aufwärts- und Abwärtslagen, weite Bunkerschläge etc.

Der Schlag aus dem Sand

In diesem Kapitel behandeln wir den mechanischen Ablauf des voll durchgeschwungenen Bunkerschlages, der, richtig ausgeführt, eine der leichtesten Recoveries des Golf sein kann – und nicht einer der am meisten gefürchteten sein sollte. Ich spiele mit einem schwachen Griff, und Schlagfläche sowie Körperhaltung sind offen zum Ziel. Dann schwinge ich einfach parallel zur Stellung meiner Füße, lasse den Schlägerkopf durch den Sand gleiten und ziehe den Schläger mit dem linken Arm voll durch den Ball hindurch.

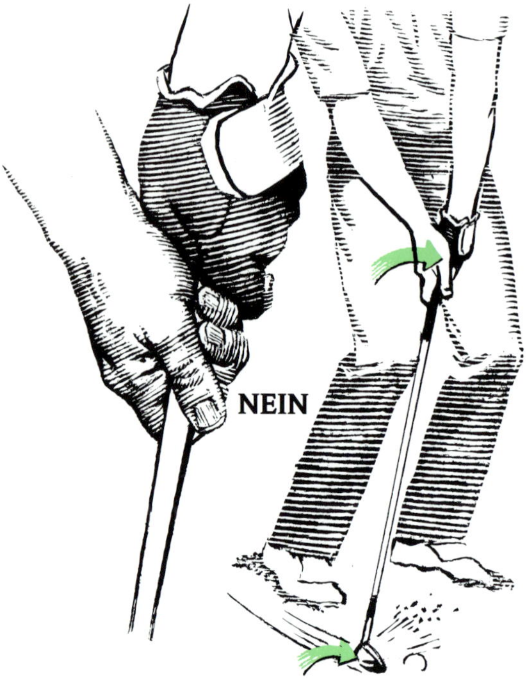

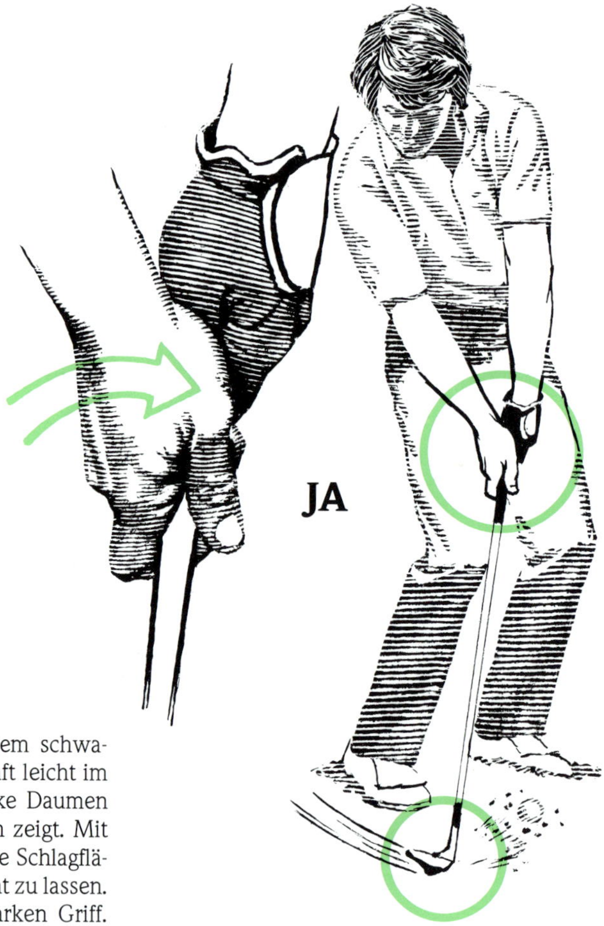

Erzielen Sie mit einem schwachen Griff stärkere Ergebnisse

Normale Bunkerschläge spiele ich mit einem schwachen Griff, indem ich beide Hände am Schaft leicht im Gegenuhrzeigersinn drehe, so daß der linke Daumen auf dem Schaft liegt und direkt nach unten zeigt. Mit dem schwachen Griff ist es viel leichter, die Schlagfläche während des ganzen Schlages aufgedreht zu lassen.

Viele von Ihnen spielen mit einem starken Griff. Das ist ganz in Ordnung, wenn man einen Slice kurieren oder vom Abschlag aus länger werden will. Im Sand ist der schwache Griff aber zweifellos vorzuziehen, weil sich der Schlägerkopf sonst leicht in den Sand einbohrt, anstatt durch ihn hindurch zu gleiten. Der Schlag kann nur schlecht werden.

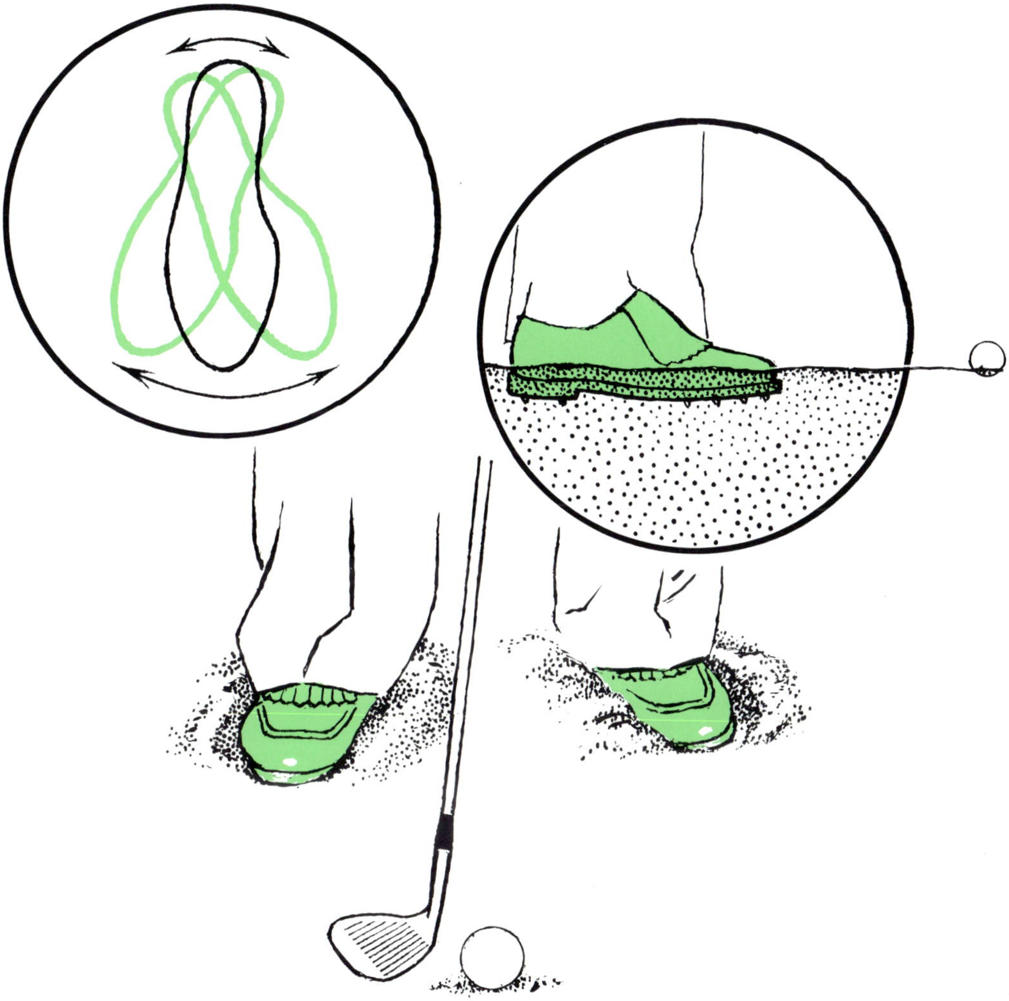

Drehen Sie Ihre Füße in den Sand

Sie müssen im Sand einen festen Stand haben, vor allem, wenn er weich oder pulverig ist. Amateure sind in der Beziehung leicht sehr lässig. Man dreht sich dann im Schlag, verliert die Balance, und das Resultat läßt sich denken. Sie müssen Ihre Füße so stark in den Sand hineinbohren, daß sie sich kaum mehr bewegen lassen. Ich drehe meine Füße im weichen Sand so lange, bis sie über die Sohlen im Sand stecken.

Durch das Eingraben der Füße kommen Ihre Hände automatisch näher an den Ball. Fassen Sie also den Schläger etwas kürzer, so daß der Schläger kürzer wird, Sie aber dennoch den linken Arm vollständig strecken können.

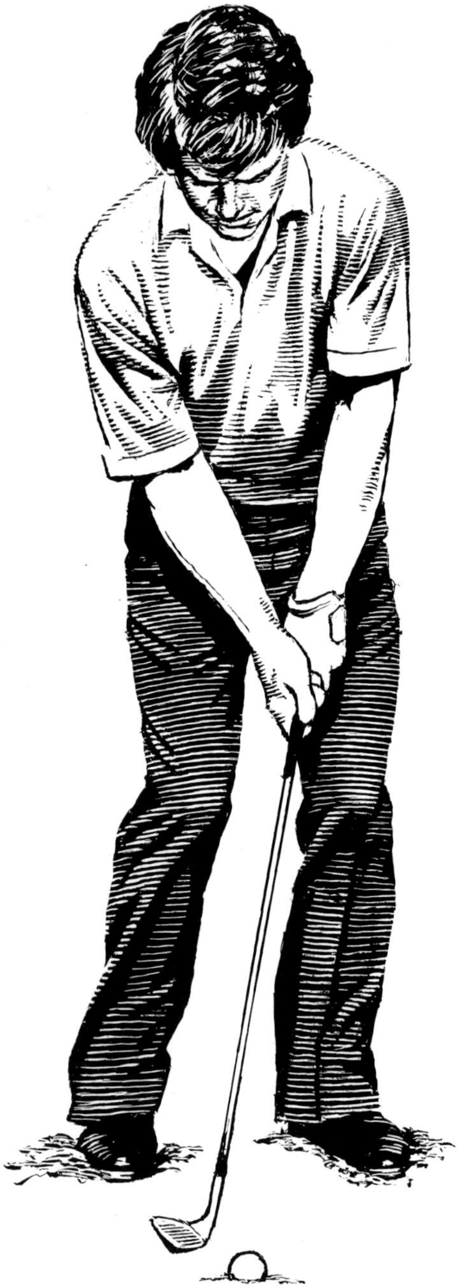

Drehen Sie Schlagfläche und Körper auf

Beim normalen Bunkerschlag drehe ich meine Füße in den Sand und drehe dann alles etwas auf: die Schlagfläche, den Stand, die Hüften und Schultern – einfach alles. Ich bin in einem Winkel von 30 Grad nach links vom Ziel ausgerichtet, und mein Gewicht ist leicht nach links verlagert. Und dann schwinge ich genau in der Richtung, in die mein Körper ausgerichtet ist.

Ich schwinge also nach links vom Ziel. Da meine Schlagfläche aber etwa um 30 Grad aufgedreht ist und nach rechts vom Ziel zeigt, wird mein Ball gerade zur Fahne fliegen. Durch das Aufdrehen erhält der Sand Wedge noch einen Extra-Loft, und der Schlägerkopf gleitet besonders gut durch den Sand. Je mehr Sie das Schlägerblatt aufdrehen, desto geringer ist die Gefahr, daß der Schlägerkopf sich in den Sand bohrt. Sie können bis zu 60 Grad und mehr gehen und den Ball noch aus dem Bunker herausbekommen.

Achten Sie auf die Position des Balles, wenn Sie den linken Fuß zurückziehen, um den Stand zu öffnen. Man glaubt dann leicht, der Ball läge nun zu sehr am linken Fuß, während man in Wirklichkeit doch nur den Körper nach links gedreht hat. Der Ball liegt tatsächlich nur 5 bis 7 Zentimeter vor der Mitte meines Standes. Um das zu demonstrieren, zeige ich Ihnen auf den Abbildungen den Spieler von oben und von der Seite.

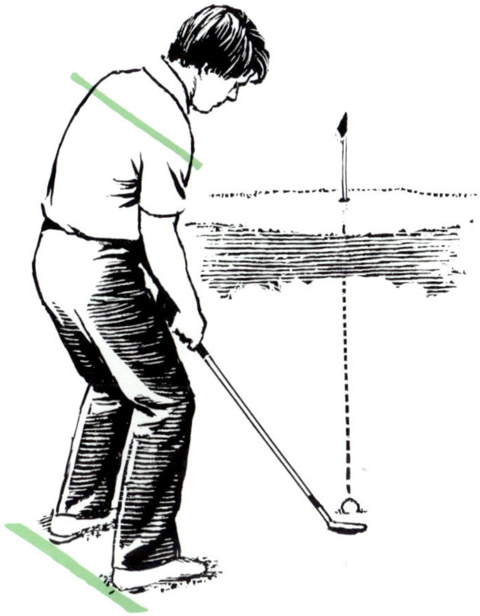

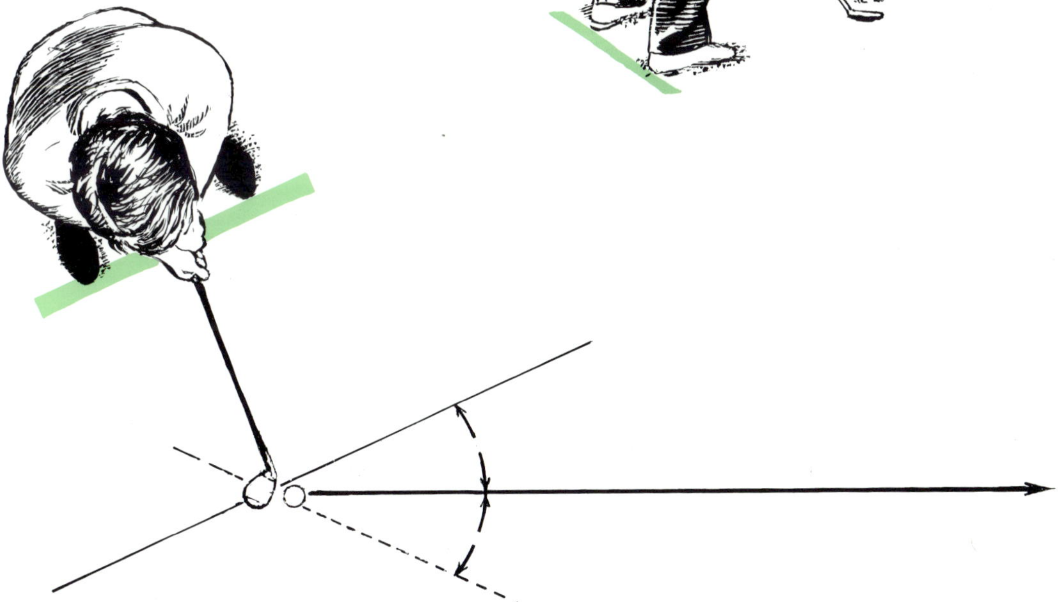

Lassen Sie den Wedge durch den Sand gleiten

Hätte die Entscheidung bei mir gelegen, so wäre der Sand Wedge nie erlaubt worden. Er macht das Golf etwas zu leicht. Für einen Pro ist die Lage im Bunker meistens sehr viel günstiger als das tiefe Rough.

Für Wochenendgolfer kommt es wohl in erster Linie darauf an, einen Sand Wedge zu besitzen. Andererseits überrascht es mich immer wieder, wie wenige meiner Pro-Am-Partner einen solchen Schläger in der Tasche haben. Der Sand Wedge ist genau für seine spezielle Aufgabe konstruiert worden. Dadurch, daß die Hinterkante der Sohle näher am Boden ist als die Vorderkante, entsteht der sogenannte „Bounce", das heißt, daß der Schlägerkopf durch den Sand gleiten kann, ohne sich einzubohren. Sie können von ca. 2.5 bis 7.5 Zentimeter hinter dem Ball in den Sand schlagen; der Schlägerkopf wird durch den Sand gleiten und den Ball herausheben. Es ist wie ein flacher Stein, der über das Wasser hüpft.

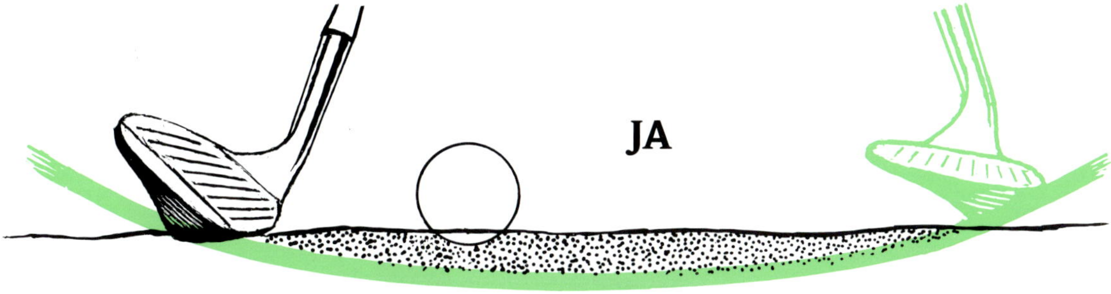

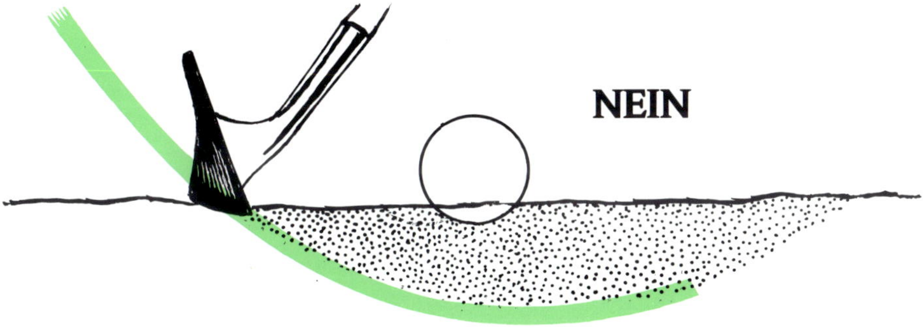

Der perfekte Divot

Der ideale Divot beim normalen Bunkerschlag ist lang und flach. Sie können von ca. 2.5 bis 7.5 Zentimeter hinter dem Ball in den Sand schlagen, und der Divot sollte dann durch den Ball hindurch 15 bis 20 Zentimeter lang sein – mindestens jedoch 15 Zentimeter. Halten Sie das Schlägerblatt aufgedreht, so wird es einen langen, flachen Divot ergeben, und der Schlägerkopf wird sich nicht eingraben. Steht das Schlägerblatt aber square oder ist es gar geschlossen, so wird der Schlägerkopf zu sehr in den Boden gehen, der Divot tief und kurz sein und der Schlägerkopf sich einbohren. Bei Aufwärts-, Abwärts- sowie bei ebenen Bunkerschlägen sollte der Divot im Sand stets lang und flach sein. Am besten üben Sie das im Bunker erst einmal ohne Ball, bis Sie regelmäßig einen langen, flachen Divot aus dem Sand herausschlagen. Richten Sie Ihre Augen bei diesem Schlag übrigens nicht auf den Ball, sondern genau auf die Stelle, an der Ihr Schlägerkopf in den Sand eindringen soll.

Ziehen Sie den Schlag mit dem linken Arm durch den Ball

Der falsche Divot – der kurze, tiefe – kommt dadurch zustande, daß Sie den Ball zu sehr mit der rechten Hand aus dem Bunker herauslöffeln wollen. Sie müssen den Schlag mit dem linken Arm durch den Ball hindurchziehen. Schon als Junge hat man mir eingehämmert, beim Bunkerschlag voll und hoch durchzuschwingen. Es war ein guter Rat.

Bestimmen Sie die Länge Ihres Bunkerschlages durch die Länge Ihres Schwunges

Bei Bunkerschlägen ums Grün herum haben die meisten Golfer viel mehr Probleme mit der Länge des Schlages als mit seiner Richtung. Liegt der Ball klar im Sand, so bestimme ich die Länge des Schlages durch die jeweils veränderte Lage meines Schwunges, genau wie bei einem normalen Pitch vom Fairway. Soll der Ball also weiter gehen, so erhöhe ich die Geschwindigkeit meiner Arme, indem ich weiter auf- und hinterher durchschwinge.

Dadurch, daß ich für einen kürzeren oder längeren Ball nur die Länge des Schwungbogens verändere, kann ich alle Schläge, die kurzen und die weiten, im gleichen Rhythmus und Timing ausführen. Das wäre aber unmöglich, wenn ich bei Schlägen verschiedener Länge jeweils härter oder leichter, schneller oder langsamer schwingen würde. Ich habe jedenfalls die besten Erfahrungen damit gemacht, daß ich mich bemühe, immer im gleichen Rhythmus und im gleichen Timing zu schwingen.

Das ändert sich bis zu einem gewissen Grad, wenn die Fahne besonders weit oder extrem nahe steht.

Der U-Schwung und der V-Schwung

Mein Schwungbogen beim normalen Bunkerschlag hat etwa die Form eines U. Soll der Ball jedoch steil hochgehen und weich aufsetzen, ähnelt mein Schwungbogen eher einem V. In Winged Foot, dem Austragungsort der US Open 1984, sieht sich der Spieler dauernd mit solchen Bunkerlagen konfrontiert.

In derart tiefen Bunkern drehe ich das Schlägerblatt besonders weit auf und schwinge den Schläger kurz und steil nach oben. Dabei winkeln sich die Handgelenke ab und schwingen dann den Schlägerkopf steil von oben in den Ball und unter ihm hindurch, so daß er steil hochsteigt und ziemlich kurz bleibt. In dieser Situation muß man sich seinen Schwungbogen als ein V vorstellen.

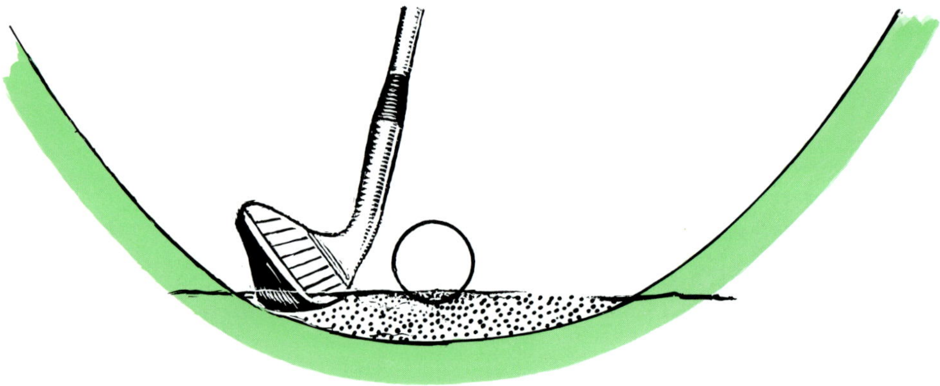

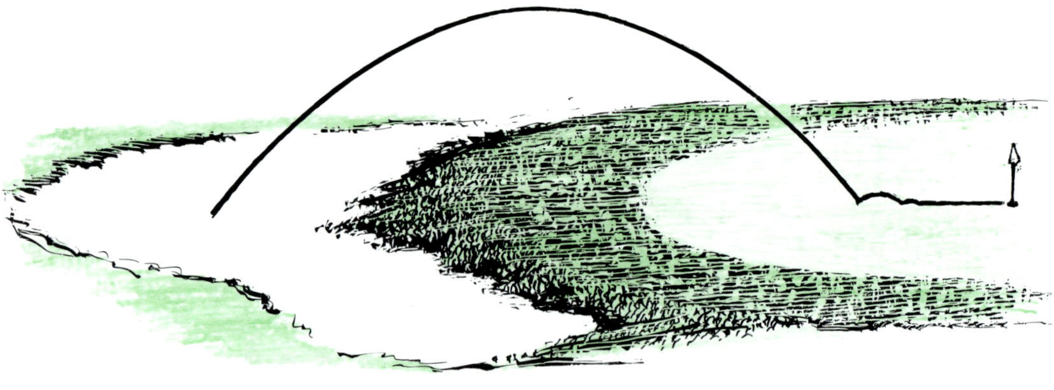

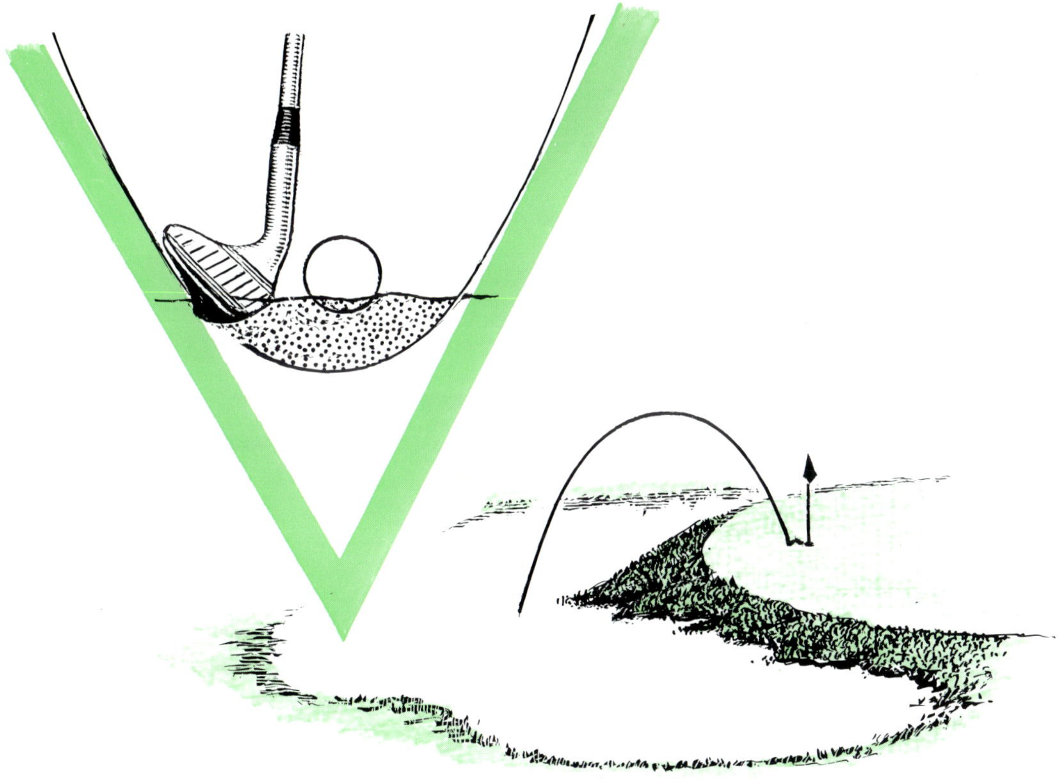

Die innere Einstellung

Der Wochenendgolfer fürchtet Bunkerschläge mehr als alle anderen, weil er sie am wenigsten versteht und fast nie übt. Wir wollen dieser Furcht nun mit einer neuen inneren Einstellung zu Leibe rücken.

Sehen Sie im Sand Ihren Verbündeten. Öffnen Sie nämlich das Schlägerblatt Ihres Sand Wedge und schwingen Sie voll durch, so wird der Ball immer aus dem Bunker herauskommen. Ihr Spielraum für Fehler ist im Sand größer als in allen anderen Lagen, weil Sie ja nicht den Ball treffen müssen – Sie müssen nur 2.5 bis 7.5 Zentimeter hinter ihm in den Sand schlagen.

Die Übung mit dem Brett

Die „Golf Digest Instruction School Lehrer" schwören auf diese Übung, die einem so richtig das Gefühl dafür gibt, wie der Schlägerkopf durch den Sand gleitet. Legen Sie ein Brett in den Übungsbunker, und packen Sie ein paar Zentimeter Sand darauf. Setzen Sie einen Ball auf den Sand, und schlagen Sie dann mit aufgedrehtem Schlägerblatt hinter dem Ball in den Sand. Der „Bounce" des Schlägers läßt den Schlägerkopf durch den Sand gleiten, verhindert sein Einbohren und bringt den Ball ohne Schwierigkeit aus dem Bunker heraus.

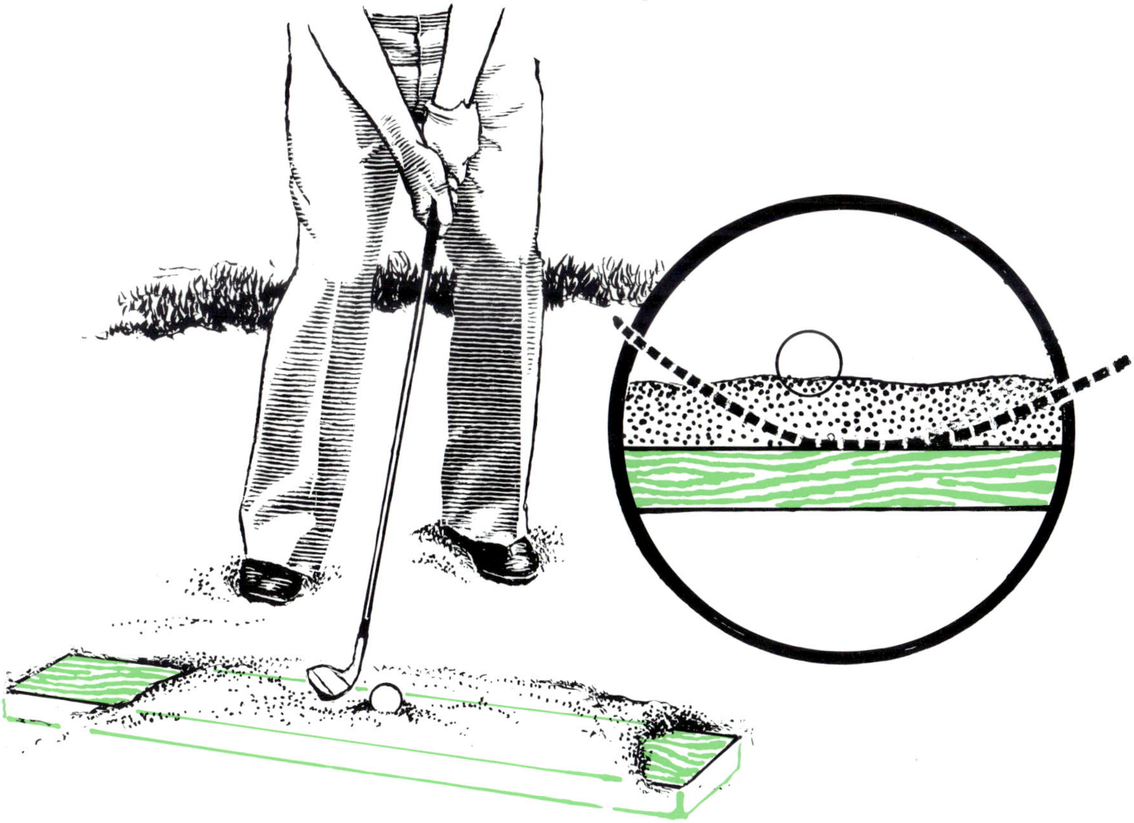

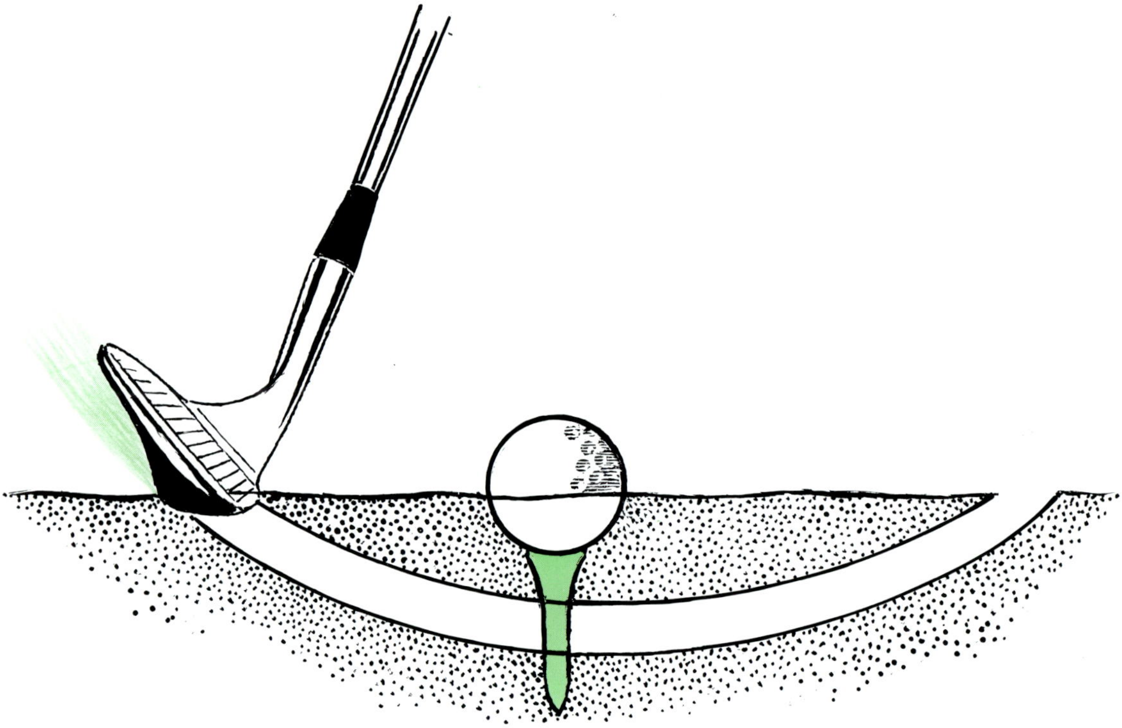

Die Übung mit dem Tee

So lernen Sie, den Schlägerkopf unter dem Ball durch den Sand gleiten zu lassen. Setzen Sie den Ball auf ein Tee, und drücken Sie es dann tief in den Sand. Und nun versuchen Sie, das Tee mit der Vorderkante Ihres Sand Wedge aus dem Sand herauszuschlagen. Schlagen Sie einen langen, flachen Divot, und führen Sie den Schlag mit dem linken Arm durch den Sand hindurch.

Besondere Bunkerschläge

Stan Thirsk, der mir in meiner Jugend viel beibrachte, nennt sie „Junk Shots". Ich ging damals im Kansas City Country Club in einen Übungsbunker und legte mir den Ball in alle nur denkbaren Lagen, einschließlich der schlechtesten. Das wurde die Grundlage meines guten Bunkerspiels. Es machte einfach Spaß, den Ball auch aus den unmöglichsten Lagen herauszubekommen.

Beherrscht man den normalen Bunkerschlag, so kommt es bei den ungewöhnlichen Lagen darauf an, entlang der Kontur des Sandes zu schwingen. Das heißt, Sie müssen mit dem Hang schwingen und Ihren Körper möglichst lotrecht zu der jeweiligen Bodengestaltung ausrichten.

Ohne einen festen und sicheren Stand werden Sie gerade bei diesen schwierigen Schlägen unweigerlich die Balance verlieren. Und diese Balance muß ja den ganzen Schlag über bestehen. Mit anderen Worten: Sie versuchen, eine unnormale Situation so weit wie möglich in eine normale zu verwandeln. Stellen Sie sich also vor, Sie würden auf ebenem Boden stehen, und überlegen Sie, wie Sie einen normalen flachen Divot aus dem Sand herausschlagen würden.

Üben Sie aus allen Lagen, so wie ich es vor jedem Turnier mache. Nichts stärkt Ihr Selbstvertrauen auf der Runde mehr als ein Sandie (erfolgreicher Bunkerschlag) im entscheidenden Moment. Es hebt Ihr ganzes Spiel.

Aufwärts-Lage

Dieser Lage wird fast immer mit einem falschen Konzept begegnet. Der Spieler tut so, als sei es ein ganz normaler Schlag und haut den Schläger prompt in den Gegenhang. Der Ball bleibt dann selbstverständlich viel zu kurz. Es erscheint auch ganz natürlich, sich beim Ansprechen des Balles in den Hang hineinzulehnen.

Ich richte mich dagegen analog zu den Konturen des Bunkers aus. Das Gewicht liegt zum größten Teil auf dem rechten Fuß, so daß die rechte Schulter sehr tief liegt. Ich konzentriere mich dann ganz darauf, meinen Schläger den Hang hinauf zu schwingen und dabei einen flachen Divot herauszuschlagen.

Im Gegensatz zum normalen Bunkerschlag, bei dem das Schlägerblatt während des ganzen Schlages aufgedreht bleibt, gebe ich hier die Hände frei, das heißt, daß die rechte Hand sich im Treffbereich über die linke dreht. Dadurch fliegt der Ball eher weit als hoch. Also – zurücklehnen auf den rechten Fuß, den Schlägerkopf im Treffbereich freigeben und den Ball zur Fahne schlagen.

Abwärts-Lage

Abwärts ist schwieriger als aufwärts. Hier geht es darum, den Schlägerkopf unter dem Ball hindurchzuschwingen, den Ball aber nicht zuerst zu treffen. Auch darf der Schlägerkopf nicht abprallen und den Ball dann womöglich mit der Vorderkante treffen – was leider häufig vorkommt. Wie beim Aufwärtsschlag richte ich mich auch hier analog zu den Konturen des Bunkers aus; dieses Mal mit dem Gewicht auf dem linken Fuß, so daß die linke Schulter unter der rechten liegt. Ich spiele den Ball mit leicht aufgedrehtem Schlägerblatt etwas mehr vom rechten Fuß.

Ich schwinge den Schläger steil zurück. Beim Abschwung achte ich darauf, hinter dem Ball in den Sand zu schlagen und dann mit weiterhin leicht aufgedrehtem Schlägerblatt hangabwärts flach durchzuschwingen. Der Ball kommt eher flach aus dem Bunker.

Sie stehen über dem Ball

Bei diesem Schlag konzentriere ich mich auf zwei Dinge: Aus den Hüften nach vorn beugen und diese Haltung während des ganzen Schwunges beizubehalten. Indem Sie sich mehr aus den Hüften und nicht aus den Knien nach vorn beugen, machen Sie es sich leichter, auch in dieser Lage die Arme gerade hochzuschwingen und das Schlägerblatt aufgedreht zu lassen. Stehen Sie über dem Ball, so laufen Sie leicht Gefahr, sich beim Abschwung zu früh aufzurichten und den Ball dann zu toppen. Bleiben Sie aber während des ganzen Schwunges nach vorn gebeugt, so werden Sie Ihren Ball sehr viel leichter sauber treffen.

Halten Sie im übrigen etwas nach links, weil der Ball in dieser Lage eher nach rechts abgehen wird. Dramatisch wird diese Situation, wenn der Ball gerade noch innerhalb eines Bunkers liegt, Sie selbst aber außerhalb des Bunkers stehen müssen. Aber das behandeln wir etwas später.

Sie stehen unter dem Ball

Dieser Schlag erfordert eine besondere Technik, weil Sie sonst den Schlägerkopf höchstwahrscheinlich tief in den Sand schlagen und den Ball nicht aus dem Bunker herausbekommen werden. Machen Sie im Grunde genau das Gegenteil von dem, was ich im vorhergehenden Fall (Sie stehen über dem Ball) sagte. Stehen Sie also aufrechter, fassen Sie den Schläger kürzer, so daß Sie die Arme nach wie vor strecken können, halten Sie nach rechts, weil der Ball eher nach links abgehen wird, drehen Sie das Schlägerblatt leicht auf, und schwingen Sie im übrigen voll durch.

Nasser oder harter Sand

Hier besteht die Gefahr, daß der Schlägerkopf zu früh abprallt und der Ball gestoppt wird. Um das zu verhindern, spiele ich den Ball mehr aus der Mitte der Füße, stelle das Schlägerblatt square und schlage aus einem V-förmigen Schwungbogen kurz hinter dem Ball in den Sand.

Wenn ich meine Füße nicht in den Sand eindrehen kann, so weiß ich, daß er besonders hart sein muß. Liegt der Ball klar und hat der Bunker so gut wie keine Kante, werde ich einen Chip versuchen oder vielleicht sogar den Putter nehmen. Spielen Sie diesen Chip genauso wie außerhalb des Bunkers aus losem Sand. Wichtig ist es, den Ball mit einem kurzen, festen Schwung sauber zu treffen.

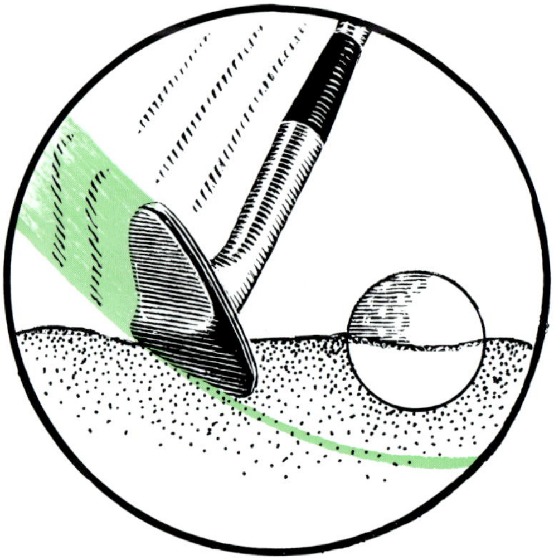

Eingebohrter Ball

In dieser Lage stellen Sie Ihr Schlägerblatt square oder drehen es sogar etwas zu. Damit erreichen Sie, daß die Unterseite des Schlägerkopfes tief unter dem Ball durch den Sand geht. Dadurch entsteht zwischen Schlägerblatt und Ball ein Sandkissen, auf dem der Ball hoch- und aus der eingebohrten Lage herausgehoben wird. Der Schlägerkopf muß also steil und tief hinter dem Ball in den Sand eindringen und nicht wie beim normalen Bunkerschlag nur einen flachen Divot herausschlagen. Manches Mal wird der Schlägerkopf sogar im Sand steckenbleiben. Der Ball kommt ohne Backspin aus dem Bunker.

Muß ich einen halb eingebohrten Ball nur kurz herausschlagen, so nehme ich einen Pitching Wedge oder ein Eisen 9, drehe das Schlägerblatt leicht auf und schlage steil von oben direkt hinter dem Ball in den Sand. Der Schlägerkopf bleibt auch im Durchschwung tief und schwingt nach links. Der Ball kommt hoch und weich aus dem Sand.

Muß ich einen eingebohrten Ball weit schlagen, so nehme ich ein Eisen 9 oder 8 und schlage mit square ausgerichtetem Schlägerblatt ebenfalls dicht hinter dem Ball.

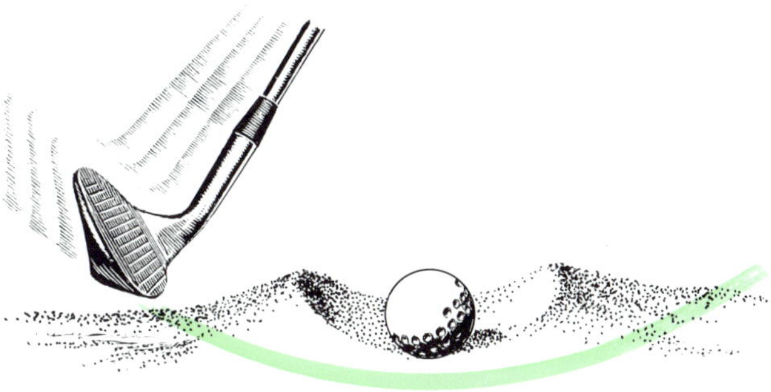

Das Spiegelei

Dieser Schlag verdankt den Namen seinem Erscheinungsbild, hat aber mit einem Frühstück sonst nichts zu tun. Die Lage ist ein wirkliches Problem, weil Sie zuerst durch Sand schlagen müssen, dann kommt kein Sand und dann wieder Sand. Wichtig ist dabei, wie tief der Ball unter dem Niveau des Sandes liegt. Sie müssen sichergehen, daß die Vorderkante Ihres Sand Wedges mit square gestelltem oder geschlossenem Schlägerblatt unter dem Ball hindurchschwingt, um den Ball auf einem Sandkissen aus der Lage herauszuheben.

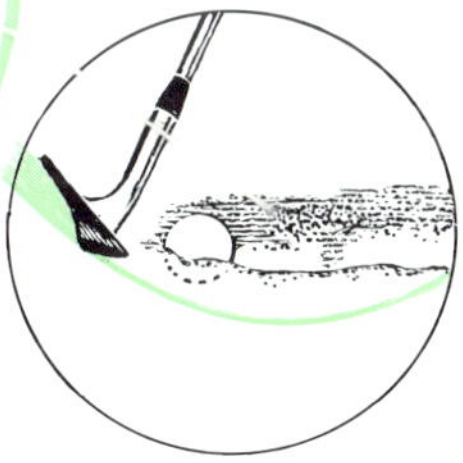

Ball in einer Fußspur

Wir alle wissen, was man mit einem Golfer machen müßte, der nach dem Schlag seine Fußspuren im Bunker nicht beseitigt. Und doch spielt man kaum je eine Runde, ohne in eine derartige Lage zu kommen. Wie bei allen eingebohrten Bällen konzentriere ich mich auch hier darauf, mit der Vorderkante des Schlägerkopfes unter dem Ball hindurchzuschwingen.

Je nachdem, wo der Ball in der Fußspur und wie tief er unter dem Niveau der Sandfläche liegt, schwinge ich mehr oder weniger steil zurück, öffne oder schließe ich mein Schlägerblatt. Muß ich durch viel Sand hindurchschwingen, um unter den Ball zu kommen, so spiele ich den Schlag wie bei einem eingebohrten Ball mit geschlossenem Schlägerblatt. Komme ich dagegen leicht an den Ball, der unter dem Niveau der Sandfläche liegt, so drehe ich mein Schlägerblatt eher auf.

Ball im Bunker – Golfer außerhalb

Hier stehen Sie hoch über dem Ball und müssen sich daher aus den Hüften extrem weit nach vorn beugen. In dieser Stellung ist ein Schwung recht schwierig, weil Sie nicht ausbalanciert sind, das bißchen Gegengewicht, das Sie haben, aber unbedingt erhalten müssen.

Machen Sie den Schläger so lang wie möglich, indem Sie ihn ganz am Ende greifen. Drehen Sie das Schlägerblatt leicht auf, und schwingen Sie mehr aus den Armen ohne Körpereinsatz, um die vorgebeugte Haltung während des Schlages beibehalten zu können. Heben und senken Sie nämlich im Schlag den Kopf, was leicht passiert, so geht der Schlag daneben. Halten Sie nach links, weil der Ball von sich aus nach rechts gehen wird.

Golfer im Bunker – Ball außerhalb

Diesen Schlag mußte ich bei der Tournament Players Championship häufig spielen, weil die Wände der meisten Bunker fast senkrecht sind. Als erstes müssen Sie hier den Schläger ganz kurz fassen, häufig sogar unterhalb des eigentlichen Griffes mit beiden Händen auf dem Stahlschaft. Ich habe es sogar erlebt, daß ich den Schläger bis auf 30 Zentimeter verkürzen mußte, weil ich anders mein Gleichgewicht nicht halten konnte.

Liegt der Ball in Hüfthöhe, so halten Sie stark nach rechts, und spielen Sie ihn sozusagen vom rechten Fuß. Schwingen Sie aus den Armen, und achten Sie darauf, daß die Hände im Treffbereich weit vor dem Ball sind. Dadurch halten Sie den Ball auf der gewünschten Linie. Schwingen Sie den Schlägerkopf dagegen aus den Händen durch, so werden Sie den Ball weit nach links verziehen.

Ball unterhalb der Seitenkante des Bunkers

Diese Situation ist gar nicht so ungewöhnlich, vor allem in England, wo die Bunkerkanten sehr steil sind. Liegt der Ball am linken Rand eines solchen tiefen Bunkers, so können Sie überhaupt keinen Stand finden, weil Sie sich gar nicht weit genug nach vorn beugen könnten.

In dieser Lage setze ich den rechten Fuß hinter dem Ball in den Bunker und stütze mich auf der hohen Kante auf mein linkes Knie. So kann ich mich richtig zum Ball hin strecken; und der Schlag ist gar nicht einmal so schwer.

Ball unter der Vorderkante des Bunkers

Hier lege ich mein Gewicht ganz auf den rechten Fuß und stütze mich so gegen den Hang ab. Ich lehne mich mit dem Oberkörper hangabwärts, so daß ich hangaufwärts schwingen kann. Wie bei jedem eingebohrten Ball versuche ich auch hier, die Vorderkante des Schlägerkopfes unter dem Ball hindurchzuschwingen. Dabei drehe ich das Schlägerblatt leicht auf. Liegt der Ball sehr nahe an der Kante, öffne ich das Schlägerblatt noch mehr und schlage stärker zu. Je tiefer der Ball eingebohrt ist, desto mehr hängt der Erfolg von Ihrer Kraft ab.

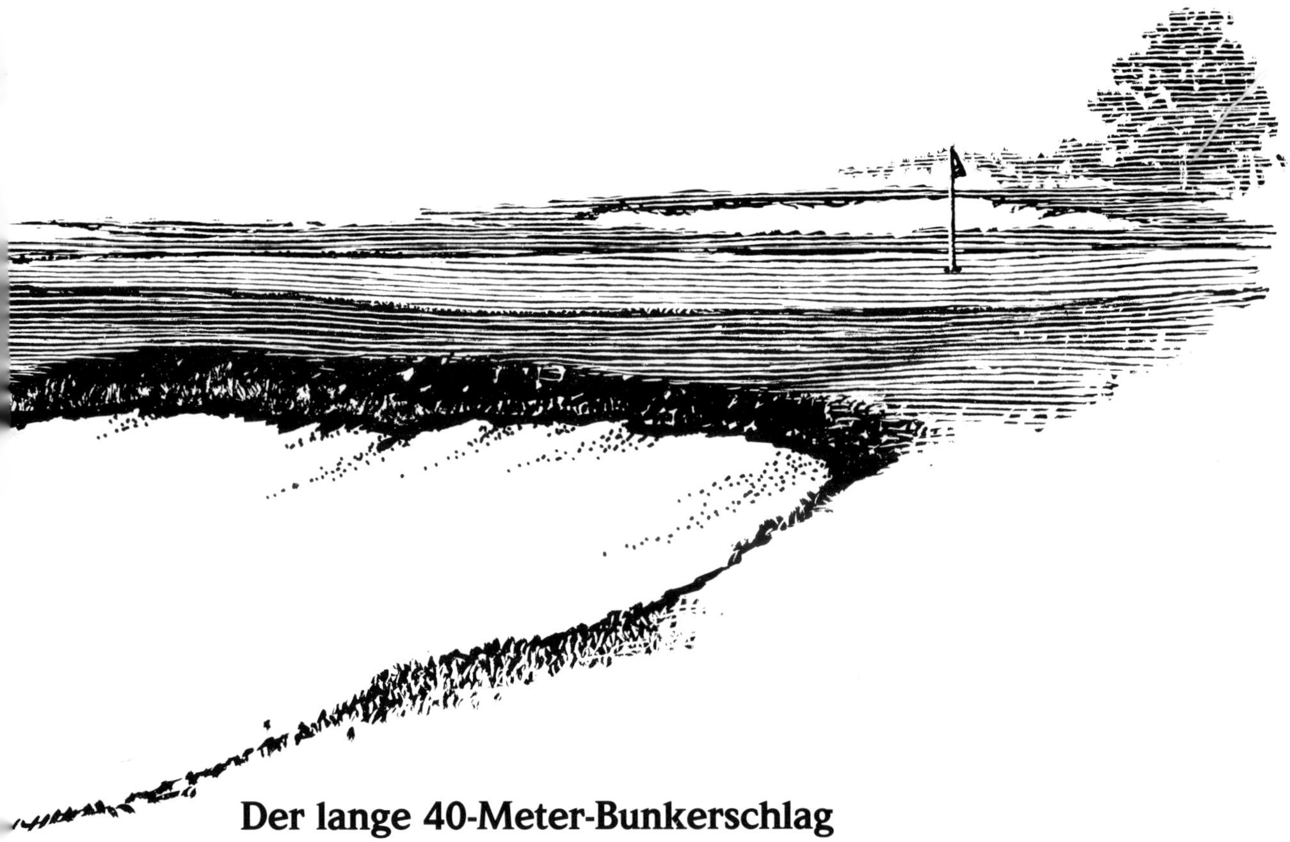

Der lange 40-Meter-Bunkerschlag

Stehe ich vor einem Bunkerschlag von 40 oder mehr Metern – meiner Meinung nach einer der schwersten Schläge im Golf –, stelle ich mein Schlägerblatt square, spiele den Ball aus der Mitte der Füße und schwinge etwas stärker, wobei ich wie beim Aufwärtsschlag die Hände und den Schlägerkopf im Durchschwung freigebe.

Bei Bunkerschlägen über 40 Meter würde ich mich wahrscheinlich für einen Pitching Wedge oder sogar ein Eisen 9 oder 8 entscheiden und etwa 2.5 Zentimeter hinter dem Ball in den Sand schlagen und voll durchschwingen. Das richtige Gefühl für die Länge eines solchen Schlages kann man aber nur durch intensives Üben erlernen.

Das Üben

Zwei Ziele will ich mit diesem Buch erreichen – ich möchte Ihnen die Grundbegriffe des Golfs erläutern und Ihnen Übungsanleitungen an die Hand geben, die so eindringlich sind und Ihnen gleichzeitig so viel Freude machen, daß das Erlernte Ihnen sozusagen in Fleisch und Blut übergeht. Wenn Sie die Grundbegriffe nicht kennen und nicht anwenden, so können Sie das kurze Spiel niemals richtig erlernen; ja, man kann es Ihnen nicht einmal beibringen. Sie werden vielmehr immer unsicher und vor Überraschungen nicht sicher sein.

Wenn Sie nicht ganz systematisch üben, so werden Sie das richtige Gefühl für das kurze Spiel nie bekommen, Sie werden von den Gedanken an den mechanischen Ablauf des Schlages nicht frei sein und sich demzufolge auch nicht unbeschwert auf die jeweilige Situation im Spiel konzentrieren können. Das kurze Spiel erfordert nun mal eine intensive Konzentration und mehr Üben als das lange Spiel. Sind Sie ein Anfänger oder ein Spieler mit hohem Handicap, so sollten Sie sich um das lange Spiel so lange nicht allzu viel Gedanken machen, bis Sie den eigentlichen Zweck aller Bemühungen erfaßt haben: Den Ball ins Loch zu bringen. Das aber ist die Aufgabe des kurzen Spiels.

Haben Sie erst einmal das Putten erfaßt, dann das Chippen und das Pitchen, so können Sie den vollen Schwung versuchen, der im Grunde nicht anders ist, als die längere Version eines Chips oder Pitches. Den vollen Schwung entwickelt man am besten aus dem kleinen, kurzen Schwung heraus und nicht umgekehrt. Sobald Sie das kurze Spiel beherrschen, ist es nur eine Frage der Zeit, bis Sie mit dem langen Spiel auch soweit sind.

Für mich ist das Üben eine ebenso erfreuliche wie lohnende Beschäftigung, und jeder gute Schlag bedeutet eine große Befriedigung. Damit das Üben nicht langweilig wird, spiele ich oft kleine Wettspiele gegen mich selbst. So versuche ich zum Beispiel aus einer schwierigen Aufwärtslage im Bunker von zehn Bällen acht so an die Fahne zu bringen, daß ich mit einem Putt ins Loch komme. Und darum habe ich auch viele meiner Übungsanleitungen als kleine Wettspiele angelegt, damit sie für Sie interessanter sind und eine richtige Herausforderung darstellen.

Verfolgen Sie beim Üben immer einen bestimmten Zweck

Es gibt wahrscheinlich kaum einen großen Spieler, der so eisern geübt hat wie Ben Hogan, der sich ja sein ganzes Spiel selbst beigebracht hat. Wenn er nicht gerade an einem Turnier teilnahm, so übte er acht Stunden am Tag, sieben Tage in der Woche. Er schlug mit jedem Schläger jeweils einen Eimer

Bälle, wobei er am Grün anfing und bei seinem langen, mit einem Fade geschlagenen Drive aufhörte. Aber er übte auch jeden nur denkbaren kleinen Recovery, weil er im Turnier keinem Schlag gegenüberstehen wollte, den er vorher nicht geübt hatte.

Ich habe beim Üben immer ein bestimmtes Ziel im Auge. Das kann das Schwung- oder Schlaggefühl sein, die Stellung beim Ansprechen des Balles oder irgendetwas anderes. So hat jeder Schlag einen ganz bestimmten Sinn. Das ist auch eines der Geheimnisse der Größe von Jack Nicklaus. Jeder Ball auf dem Übungsplatz wird mit der gleichen Konzentration geschlagen wie ein Ball am letzten Loch eines großen Turniers. Er würde niemals seine Bälle ziellos in die Gegend knallen.

Natürlich haben Sie viel weniger Zeit zum Üben als ich, denn Golf ist ja schließlich mein Beruf. Sind Sie ein Wochenendgolfer und geschäftlich sehr eingespannt, so würde ich Ihnen raten, sich an zwei Abenden in der Woche etwa 30 Minuten auf das kurze Spiel zu konzentrieren. Das kann Ihren Score schon ganz erheblich verbessern. Üben Sie Bunkerschläge, schlagen Sie Bälle aus sonstigen schweren Lagen, aber auch ganz normale Putts und Chips. Haben Sie eine Stunde Zeit, so sollte zumindest die Hälfte davon dem kurzen Spiel gehören; besser noch 45 Minuten für das kurze und 15 Minuten für das lange Spiel. Zu einem systematischen Übungsprogramm gehören aber noch weitere Schritte.

Üben Sie mit dem Lehrer

Das sollte tatsächlich Ihr erster Schritt zum Erlernen der Grundbegriffe und zur Schaffung einer soliden Basis sein. Nehmen Sie speziell auf das kurze Spiel abgestellte Stunden. Die meisten Golfer erwarten von ihrem Pro lediglich eine Unterweisung im langen Spiel. Dabei können ein oder zwei Unterrichtsstunden im kurzen Spiel Ihren Score viel schneller verbessern.

Normalerweise übe ich lieber allein, weil ich mich dann voll und ganz konzentrieren kann. Habe ich aber ein bestimmtes Problem, so ist es mir ganz lieb, wenn mir jemand zuschaut, dessen Können und Wissen ich respektiere. So bitte ich manchmal meinen Vater, Stan Thirsk (Head Pro des Kansas City Country Clubs) oder Byron Nelson, mir beim Üben zuzuschauen. Ich schlage erst ein paar Bälle, bitte dann um ihre Meinung und sage ihnen erst hinterher, was ich bezweckt hatte. So bekomme ich ein unvoreingenommenes Urteil.

Falsch finde ich es aber, ein Dutzend Leute um Rat zu fragen. Ich gehe nur zu einigen wenigen, die mein Spiel genau kennen und also auch jede Verän-

Sind die Grüns nämlich besonders schnell, so muß man sich unbedingt darauf einstellen, weil sonst die Runde katastrophal anfangen und nach zwei, drei Löchern schon völlig kaputt sein kann.

Das Üben nach dem Spiel

Die sinn- und wertvollste Zeit zum Üben ist unmittelbar nach dem Ende der Runde, weil dann alle Fehler noch frisch im Gedächtnis sind. Stärken und Schwächen der Runde unmittelbar nach Spielende auf dem Übungsplatz noch einmal durchzugehen, ist eine excellente Methode, sich selbst zu erziehen. Ich möchte schlechte Schläge und ihr Entstehen so schnell wie möglich ausmerzen. Hatte ich zum Beispiel Schwierigkeiten mit kurzen von links nach rechts hängenden Putts oder einem bestimmten Bunkerschlag, so putte ich unter Umständen 100 Bälle, bis ich dahintergekommen bin, und das Bunkerproblem löse ich auf ähnliche Weise.

Meistens übe ich nach dem Spiel länger als vorher. Am Anfang soll der Motor nur warmlaufen, hinterher kommen die Reparaturen und die neue Feineinstellung. Damit kann man sich auch sehr gut abreagieren. Gelingt mir nach dem Spiel die Lösung eines akuten Problems, so stärkt das nicht nur mein Selbstvertrauen für die nächste Runde – ich schlafe in der Nacht auch sehr viel besser.

Das Üben im Haus

Leben Sie in einem wechselnden Klima, so kann in der ruhigen Jahreszeit oder an grauen Wochenenden ein bißchen Üben ums Haus herum recht nützlich sein. Es erhält sicherlich das Schwung- und Schlaggefühl. Nach einer langen Pause ist es immer am schwersten, ins kurze Spiel wieder hereinzukommen. Sie können sich das aber durch ein paar Übungen im Hause wesentlich erleichtern.

Ein weicher Teppich ist für das Putten natürlich nicht das gleiche wie ein welliges Grün, hilft Ihnen aber, einen gleichmäßigen, rhythmischen Puttschwung beizubehalten. Auch bei einem Teppich wachsen die Haare in einer bestimmten Richtung. So können Sie sich auf den Graswuchs auf dem Grün einstellen.

Ich spiele auch gerne kurze Chips vom Teppich. Man muß nur ein bißchen aufpassen, daß nichts Zerbrechliches in Reichweite steht. Ich habe neulich dabei eine volle Flasche Wein zertrümmert. Wie und wo Sie aber auch immer das kurze Spiel üben, es darf keine Last sein. Nutzen Sie diese Anleitungen, spielen Sie gegen sich selbst, und das Üben wird Ihnen Spaß machen.

Die Ausrüstung

Das beste Können der Welt nützt Ihnen nichts, wenn Ihre Ausrüstung nichts taugt oder zumindest nicht zu Ihnen paßt. Ich habe hunderte von Stunden gebraucht, bis ich die für mich optimal passenden Schläger gefunden hatte. Natürlich ist meine Ausrüstung nicht notwendigerweise auch für Sie geeignet; aber ich glaube schon, daß ich Ihnen mit ein paar Richtlinien weiterhelfen kann.

Die meisten Golfer achten beim Kauf des Drivers wie auch der mittleren und langen Eisen schon darauf, daß diese Schläger ihnen wirklich liegen; das gilt aber leider viel weniger für diejenigen, die für den Score so entscheidend sind: den Putter, den Pitching und den Sand Wedge. Auch bei der Auswahl der übrigen Eisen sollte man nicht zuletzt an Chippen und Pitchen denken, weil man sie vom Eisen 5 abwärts bis zum Eisen 9 sicher ebenso häufig für volle wie für Schläge ums Grün benutzt.

Das Drei-Wedge-Konzept

Das kurze Spiel sollte auch für die Zusammensetzung Ihres Schlägereinsatzes bestimmend sein. So empfehle ich dem Wochenendgolfer, drei Wedges in seiner Tasche zu haben, obwohl ich selber nur zwei besitze. Mir nutzt ein Eisen 2 viel, so daß es zu Recht in meiner Tasche ist; der Durchschnittsgolfer sollte es aber lieber weglassen und dafür einen dritten Wedge mitführen. Haben Sie einen Driver, Holz 3 und ein Holz 5, so werden Sie mit dem letzteren wahrscheinlich sehr viel besser zurechtkommen als mit einem Eisen 2.

Tom Kite und eine wachsende Zahl von Pros spielen auf der Tour mit drei Wedges. Tom hat den Loft seiner langen Eisen so eingestellt, daß sie zwischen den normalen Eisen liegen; sein Eisen 3 ist tatsächlich ein 2.5, sein Eisen 4 ein 3.5. So kann er ein langes Eisen sparen und stattdessen einen Wedge mit 60 Grad Loft dazunehmen, so daß er kürzere und mittlere Pitches mit einem volleren und härteren Schwung spielen kann. Wenn ich mich auch selbst noch nicht zu dem Drei-Wedge-Konzept bekenne, so habe ich dafür den Loft meines Sand Wedge von 56 Grad auf 58 Grad erhöht, um ihn dadurch mehr zu einer Allzweckwaffe im Bunker und ums Grün herum zu machen.

Der Pitching Wedge hat im allgemeinen einen Loft von 51 bis 52 Grad und der Sand Wedge von 56 Grad. Haben Sie nun noch einen dritten Wedge mit 60 Grad Loft, so können Sie die Bälle viel höher schlagen, was den meisten Golfern bei kurzen Schlägen besonders schwerfällt. Sie müssen dann das Schlägerblatt nicht extra aufdrehen, es nicht besonders zurücklegen oder Ihre Hände hinter dem Ball halten. Sie schwingen vielmehr ganz normal, und der Ball wird ganz von selbst hoch in die Luft gehen.

Ich kann den Ball mit meinem Sand Wedge bis zu 90 Meter weit schlagen. Bei Ihnen sind es vielleicht 55 Meter. Mit dem 60-Grad-Wedge komme ich etwas über 70 Meter weit. Sie schaffen wahrscheinlich höchstens knapp 40 Meter, und das ist genau die kritische Entfernung, mit der wir uns in dem Kapitel über den Pitch beschäftigt haben. Bei einer Entfernung von der Fahne von 40 Metern müssen Sie mit dem normalen Pitching oder Sand Wedge einen schwer zu dosierenden halben Schlag mit halbem Schwung machen. Mit dem 60-Grad-Wedge können Sie dagegen fast voll schwingen, was natürlich wesentlich leichter ist.

Ein dritter Wedge mit 60 Grad Loft kann auch sehr nützlich sein, wenn Sie kurze Schläge steil hochspielen müssen und der Ball besonders weich aufsetzen soll, so zum Beispiel über einen Bunker an die kurz dahinter stehende Fahne. Das gilt auch für einen kurzen Pitch aus dem Rough, wenn Sie dem Ball keinen Backspin geben können, er aber trotzdem nur kurz ausrollen darf.

Der Sand Wedge

Die wichtigste Überlegung bei diesem Schläger ist, daß man ihn hat. Er ist nun mal der Retter aus tausend Schwierigkeiten, nicht nur aus dem Sand. Mehr als irgendein anderer schafft dieser Schläger von sich aus die besten Voraussetzungen für die so kritischen kurzen, hohen Schläge. Er müßte eigentlich Trouble Wedge heißen und nicht Sand Wedge.

Kennen Sie den Unterschied zwischen einem Pitching und einem Sand Wedge? Der typische Sand Wedge ist so konstruiert, daß die Hinterkante seiner Sohle auf dem Boden aufliegt, während die Vorderkante, je nach Schläger, verschieden hoch über dem Boden steht. Dadurch kann der Schlägerkopf durch den Sand hindurchgleiten, ohne sich einzubohren. Diese Gestaltung der Sohle nennt man den Bounce des Sand Wedge.

Ich bin nicht sehr für einen allzu starken Bounce, weil der Schläger dann von hartem Sand oder sonstigem harten, kahlen Untergrund nur schwer zu spielen ist. Prinzipiell notwendig aber ist der Bounce unbedingt, und bei Ihnen mag es mehr oder weniger sein als bei mir. Drehen Sie das Schlägerblatt auf, so erhöhen Sie dadurch den Bounce und verringern die Gefahr, daß der Schlägerkopf sich im Schlag einbohrt.

Das Maß des für Sie optimalen Bounce kann auch von den Bedingungen auf Ihrem Heimatplatz abhängen. Ist der Sand in Ihren Bunkern eher weich, so können Sie eine Menge Bounce vertragen; ist er dagegen hart, so ist weniger Bounce angebracht. Haben Sie nun einen dritten Wedge in der Tasche, so kann der Sand Wedge mehr Bounce haben, so daß er Sie leichter aus dem Bunker herausbringt.

Hier ist ein in meinen Augen besonders kritischer Aspekt zu beachten. A conto ihrer großen, dicken metallenen Unterseite sind die meisten Sand Wedges sehr schwer – zu schwer. Ich empfehle ein leichtes bis mittleres Gewicht. Meine Eisen haben das Schwunggewicht D –3, und mein Sand Wedge ist mit D –5 nur etwas schwerer. Für die Berechnung des Schwunggewichtes ist das ein Unterschied von zwei Dollarscheinen. Je schwerer der Schlägerkopf ist, desto schwerer ist er unter Kontrolle zu halten. Sie müssen entsprechend langsamer schwingen; und das ist für den Durchschnittsgolfer bei einem an sich schon unangenehmen Schlag gar nicht einfach. Gegen einen besonders schweren Sand Wedge spricht auch, daß sich das Schwunggefühl mit ihm von den anderen Schlägern stark unterscheidet, wenn es eigentlich eher das gleiche sein sollte.

Bei einem leichteren Wedge haben Sie den Schlägerkopf sehr viel besser unter Kontrolle. Leichte Sand Wedges sind schwer zu finden, aber der Pro oder ein qualifizierter Schlägerreparaturbetrieb kann von der Hinterkante des Schlägerkopfes etwas Gewicht entnehmen. Gute Spieler haben häufig mehrere Sand Wedges, um sich so den Gegebenheiten des jeweiligen Platzes besser anpassen zu können.

Ich ziehe eine runde Vorderkante des Schlägerkopfes der geraden vor. Wenn ich nämlich das Schlägerblatt aufdrehe – und ich spiele die meisten kurzen Schläge mit einem mehr oder weniger aufgedrehten Schlägerblatt –, so liegt die runde Vorderkante besser am Ball als eine gerade. Rein optisch gesehen, habe ich so das Gefühl, die Vorderkante leichter unter dem Ball hindurchschwingen zu können.

Mit runder Vorderkante ist zum Beispiel der Schlag aus einer seitlichen Hanglage viel einfacher. Bei gerader Vorderkante neigen Sie nämlich leicht dazu, das vordere oder hintere Ende der Kante auf dem Boden aufzusetzen, was einen gepullten oder gepushten Schlag zur Folge haben dürfte. Mit runder Vorderkante ist die Gefahr sehr viel geringer.

Pitching Wedge

Sand Wedge

Aufgedrehter Sand Wedge

Schläger zum Chippen und Pitchen

Auch hier bin ich mehr für leichtere Schläger, weil man sie gerade bei diesen kurzen Schlägen leichter unter Kontrolle behält.

Auch hier mag ich eine eher runde Sohle, eine kleine Wölbung im Verlauf der Kante. Wenn man nämlich mit einer scharfen Vorderkante etwas zu fett in den Ball hineinschlägt, wird der Schlägerkopf nicht so gut durch das Gras hindurchgleiten, vor allem auf Plätzen mit hartem Bermudagras.

Eigentlich müßten Ihnen alle Eisenschläger vom Pro angepaßt werden, um die Lage des Schlägerblattes Ihrer Stellung beim Ansprechen des Balles anzupassen, so daß die Sohle richtig auf dem Boden aufliegt. Die Lage ist der Winkel zwischen der Sohle des Schlägerblattes und dem Schlägerschaft.

Man hat mich häufig gefragt, ob ich die Benutzung eines „Chippers", eines dieser Spezialschläger zum Chippen, empfehlen würde. Ich tue es nicht, weil die Schläge ums Grün herum viel zu unterschiedlich sind, als daß man sie mit einem einzigen Schläger spielen könnte. Aus dem gleichen Grund bin ich ja auch dagegen, alle Chips mit ein und demselben Schläger zu spielen. Sie engen Ihr Spiel dadurch unnötig ein. Für reine Routineschläge vom Grünrand kann ein Chipper ganz nützlich sein, wenn Sie es sich leisten können, dafür einen anderen Schläger aus der Tasche wegzulassen. Lautet die Alternative aber Chipper oder ein dritter Wedge, so würde ich Ihnen immer zu einem dritten Wedge raten.

Der Putter

Das ist nun Ihr wichtigster Schläger — mit dem Sie alle die vielen Fehler vom Abschlag bis zum Grün wieder ausgleichen können.

Als erstes muß der Putter weiche, runde Ecken haben, damit er weder beim Rückschwung noch beim Durchschwung im Gras hängenbleibt.

Der Griff muß bei meinem Putter an der Oberseite flach sein, damit beide Daumen auf ihm liegen und nach unten zeigen können. Mein Putter muß auch „offset" sein, weil meine Hände dann beim Ansprechen automatisch vor dem Ball sind.

Mein Putter hat ferner auf der Oberseite des Schlägerkopfes eine eingeschnittene Richtungslinie, die genau über dem Sweetspot verläuft, weil ich immer versuche, den Ball genau mit dem Sweetspot meines Putters zu treffen.

Die Lage des Putters, also der Winkel zwischen Sohle und Schaft, muß zu Ihrer Haltung und zu Ihrer Putt-Technik passen. Suchen Sie sich einen neuen Putter, so passen Sie Ihren Putt-Stil nicht dem neuen Putter an, sondern fin-

den Sie einen zu Ihrem Putt-Stil passenden Schläger. Die Lage des Putters kann im Notfall auch abgeändert werden.

Mein Putter hat eine Länge von 87.5 Zentimeter; für Sie mag jedoch ein längerer oder kürzerer viel besser geeignet sein. Andy North, ein 1.90 Meter großer ehemaliger Baseballspieler, beugt sich so tief über seinen Putt, daß er einen Putter von weniger als Standardlänge benutzt. Andy puttet fast nur aus den Armen und Schultern, kaum aus den Handgelenken. Sein linkes Handgelenk bleibt während des ganzen Schlages fest, was ich nur empfehlen kann. Sein Putterkopf bleibt bei Rück- und Durchschwung sehr flach am Boden. Das hat nur den Nachteil, daß man mit einem sehr kurzen Putter stärker auf den Ball schlagen muß als mit einem längeren Schläger.

Der extra lange Putter verlangt weniger Kraft und schwingt eher von allein. Raymond Floyd spielt zum Beispiel mit einem solchen Putter. Ein langer Putter kann aber das Strecken der Ellbogen erschweren, worüber wir im ersten Kapitel über das Putten sprachen, und er kann den Spieler auch dazu verleiten, das linke Handgelenk im Schlag abzuknicken. Und da der lange Schläger sich leichter schwingt, kann man leicht in den Fehler verfallen, zu weit zurückzuschwingen, so daß man den Schläger im Treffmoment dann abbremsen muß.

Haben Sie permanent Schwierigkeiten beim Putten, so würde ich Ihnen zu einem schwereren Schläger raten. Meiner wiegt knapp 500 g und gehört damit, gemessen am Standard der Pros, zu den schwereren. Jetzt sind schon Putter mit einem Gewicht von 550 bis 600 g auf dem Markt; und wenn diese Schläger sauber ausbalanciert sind, können sie für Spieler mit langanhaltenden Putt-Problemen eine große Hilfe sein. Ein schwerer Putter zwingt ganz einfach zu einem langsameren Schwung; und durch die größere Masse des Schlägerkopfes werden schlechter getroffene Bälle nicht gleich zur Katastrophe. Reißen oder stoßen Sie Ihre Putts, so ist der schwerere Putter die beste Medizin.

Es ist eine alte Weisheit, daß man auf schnellen Grüns eher einen leichten und auf langsamen Grüns einen schweren Putter benutzen sollte. Es überrascht mich aber nicht, daß neuere Untersuchungen zu dem Ergebnis kommen, daß der schwerere Putter sowohl auf schnellen als auch auf langsameren Grüns zu besseren Ergebnissen führt. Ein unsicherer Spieler ist mit dem schwereren Putter jedenfalls besser dran.

Wenn Sie an Ihrem alten, wettergegerbten Putter hängen, er Ihnen aber heute zu leicht scheint, so kann man an der Rückseite des Schlägerblattes etwas Blei anbringen. So tun das auch viele Pros, wenn sie auf einen Platz mit besonders langsamen Grüns kommen. Die meisten Club-Pros haben diese zusätzlichen Gewichte vorrätig und können sie auch am Schläger anbringen.

Ich bin nicht für das Wechseln des Putters. Habe ich erst einmal den richtigen gefunden, so will ich auch bei ihm bleiben. Eine schlechte Putt-Phase ist nie die Schuld des Putters. Sie rührt daher, daß ich mein Zutrauen und mein Schwunggefühl verloren habe. Ich wechsele meinen Putter daher höchst selten. Wenn es doch einmal geschieht, dann eigentlich nur zu einem bestimmten Übungszweck. Manchmal mag ein radikaler Wechsel gut sein; nach einer schlechten Puttrunde aber gleich nach einem neuen Putter zu schreien, ist jedenfalls ein Fehler. Damit werden Sie höchstens noch unsicherer, und es kann direkt zur Gewohnheit werden. Bleiben Sie also bei Ihrem Putter und überwinden Sie eine schlechte Phase! Schließlich will ich mich nicht gleich an einen neuen Putter gewöhnen müssen, nur weil die Grüns in dieser Woche schneller oder langsamer sind als sonst. Ich würde ja auch nicht einen anderen Wagen nehmen, nur weil die Reise kürzer oder länger ist – ich bleibe bei meinem Wagen.

Meine letzten neun Löcher der US Open von 1982

Am Tag vor der Meisterschaft sagte ich mir noch, daß zum Gewinn der US Open schon ein bißchen Zauberkraft gehört. Ich hatte etwas von dieser Zauberkraft, als ich am 17. Loch des letzten Tages aus dem Rough einen Chip ins Loch spielte. Es war der größte Schlag in meinem Leben, und er brachte mir die Meisterschaft, die ich mehr als alle anderen gewinnen wollte.

Die Offene so zu gewinnen, in einem Kopf-an-Kopf-Rennen mit Jack Nicklaus, dem größten Golfer aller Zeiten, auf einem so phantastischen Platz wie Pebble Beach, ist wie ein Traum. Ich war am Ziel meiner Wünsche, aber es erforderte sicher etwas Zauberei, einiges Glück, all mein Können und eine optimale innere Einstellung auf das Spiel. Auf diesem hohen Niveau, auf dem Dutzende von Spielern den Ball exzellent schlagen und auch putten, wird die innere Einstellung oft den Ausschlag geben, vor allem bei einer der großen Meisterschaften. Ich lasse Sie jetzt einmal in mein Inneres schauen und meine Gedanken auf den letzten Löchern nachempfinden, so daß Sie sehen und erkennen können, warum ich jeden einzelnen Schlag so und nicht anders gespielt habe. Das sollte Ihnen irgendwie helfen, unabhängig davon, wie gut oder schlecht Sie auch sonst spielen mögen. Bevor Sie auf den Ball schlagen, müssen Sie immer erst Ihre grauen Zellen bemühen, Sie müssen Ihre Chancen erkennen und sie nutzen.

Ich traf meine Bälle in Pebble Beach sehr gut. Auf der letzten Runde lag mein Drive nur einmal nicht auf dem Fairway, und ich war länger als in irgendeiner früheren Offenen – fast immer etwa 270 Meter vom Abschlag. Aber ich gewann die Meisterschaft mindestens ebenso sehr mit meinem Verstand wie mit den Schlägern. Ich hatte mir für diesen Sonntag einen Plan zurechtgelegt und hielt ihn auch ein, bis auf den zweiten Schlag am 18. Loch. Dabei muß ich sicher nicht extra betonen, daß das kurze Spiel für meinen Sieg entscheidend war. Wenn ich Ihnen jetzt diese letzten neun Löcher schildere, werden Sie immer wieder die ganz große Bedeutung des kurzen Spiels erkennen.

Man kann Pebble Beach nicht mit leichter Hand bewältigen. Der Platz ist so schwer, daß man sich manchmal ganz verloren vorkommt. Glücklicherweise hatte ich ihn oft genug gespielt, seit ich mich als Student in Stanford beim Morgengrauen auf den Platz schlich, um zu wissen, wohin man den Ball schlagen darf und wohin nicht. Jeder Schlag muß genau überlegt und plaziert sein. Das ist zwar eine allgemeine Regel, für Pebble Beach aber gilt sie in besonderem Maße. Bei Windstille kann es ganz einfach sein, so daß man zur Sorglosigkeit verleitet wird. Kurz gesagt, ein Platz, der genauestes Überlegen verlangt.

Machte ich auf dieser Runde einen Fehler, so geschah es glücklicherweise in die gefahrlose Richtung. Ich schlug auch nur wenige Double-crosses, das heißt, einen Hook, wenn es ein Fade werden sollte und umgekehrt. Craig Stadler schlug seinen Ball hier out-of-bounds, als ich in der ersten Runde mit ihm spielte. Meine Fehler ließen mir immer die Chance zu einem guten Recovery. Wenn es mir allerdings nicht gelungen wäre, diese Chancen durch gutes Pitchen, Chippen oder Putten auch zu nutzen, hätte ich die Meisterschaft nie gewonnen.

Zu Beginn der letzten Runde lag ich mit Bill Rogers mit vier unter Par gleichauf in Führung; aber es gab einen Aspekt zu meinen Gunsten. Ich hatte am Sonnabend eine ausgezeichnete Runde gespielt, viel besser als am Donnerstag oder Freitag, und da mein Putten gut und mein Driven exzellent waren, konnte ich mir eine gute Siegeschance ausrechnen.

Auf der Minusseite dieser Woche war meine Unfähigkeit, die ersten sieben Löcher gut zu spielen, obwohl man auf ihnen in Pebble Beach am ehesten Birdies schaffen kann. Dafür spielte ich aber die schweren letzten Löcher umso besser. Auf der ersten Runde hatte ich am 15., 16. und 17. Loch ein Birdie und lag damit Par, und auch am Freitag und Sonnabend gelangen mir auf den Schlußlöchern Birdies. Vor dem Start am Sonntag wußte ich, daß ich bei dieser günstigen Konstellation auch an diesem Nachmittag die letzten Löcher gut spielen würde. Ich hatte ganz einfach starkes Zutrauen, ohne das man eine Offene eben nicht gewinnen kann. So ermahnte ich meinen Caddie, Bruce Edwards, nur noch, mich immer wieder an mein Timing zu erinnern.

Ich spielte mit Rogers, einem sehr angenehmen, ruhigen Partner, der sich ganz auf sein Spiel konzentrierte. Ich selbst spiele fast wie in einem Vakuum. Ich rede kaum und schalte so weitgehend ab, daß ich das Spiel meines Partners oder die Angaben auf der Zahlentafel kaum registriere. Natürlich realisiere ich eine sich abzeichnende dramatische Wende, dafür sorgt schon die Reaktion der Zuschauer oder der eigene Caddie, aber im allgemeinen konzentriere ich mich voll und ganz auf meinen Plan und den jeweils vor mir liegenden Schlag.

Die ersten neun spielte ich in 36, lag damit Par und nach wie vor mit vier unter Par gleichauf mit Bill Rogers. Jack Nicklaus war vor uns, hatte fünf Birdies hintereinander gespielt und war nun bedrohlich nahe gekommen. Ich hatte am zweiten Loch, einem Par 5, ein Birdie geschafft, indem ich aus dem Bunker in zwei Schlägen ins Loch kam, dafür am nächsten aber ein Bogey, weil sich mein Ball nach einem schlechten Annäherungsschlag im Bunker eingebohrt hatte. Manche Löcher können wie ein Alptraum sein. So habe ich dieses 3. Loch niemals gut, dafür aber in den vier Tagen zweimal in Bogey gespielt.

Auf den ersten neun irritierte es mich ziemlich, daß ich bis auf den 3.5-Meter-Putt am zweiten Loch meine Putts nicht wirklich sauber traf. Am kurzen Siebenten legte ich einen Pitch 60 Zentimeter an die Fahne und ließ den Putt aus. Ich stellte mich einfach an den Ball, schwang etwas zu weit und zu sehr nach außen zurück und pullte den Ball. Dann schaute ich auch noch auf und beschleunigte den Schlägerkopf nicht durch den Ball hindurch. Es war eine vergebene Chance, aber es blieb mir nichts anderes übrig, als den Schlag möglichst schnell zu vergessen.

Mit dem achten und neunten Loch wird der Platz dann sehr schwer. Ich spielte beide in Par, ließ aber am neunten eine gute Birdie-Chance aus. Danach fingen die Putts dann an, ins Loch zu gehen.

Nr. 10, 380 Meter, Par 4

Der Drive am 10. Loch ist der schwerste auf dem ganzen Platz, weil das enge Fairway stark von links nach rechts zum Ozean hin abfällt. Erst bei einem sehr langen Drive wird es wieder breiter. Ich spielte meinen Drive von links nach rechts, so daß er von der Höhe des linken Bunkers zur Mitte des Fairways abrollen konnte. Der Drive war nicht lang, so daß mir für den zweiten Schlag ein Eisen 7 blieb. Die Fahne stand vorne rechts, und ich wollte auf keinen Fall zu weit schlagen, um mir den Putt nicht unnötig zu erschweren. Es waren ca. 140 Meter bis zum Loch, der Wind kam von rechts, und mein Ball lag abwärts. Ich wollte das Eisen 7 leicht anschneiden, pushte es aber, so daß der Ball zwar gerade zur Fahne flog, nach dem Aufsetzen aber nach rechts absprang. Er war zu kurz, und ich fand ihn rechts unterhalb vom Grün in dichtem Kikuyu Grasrough.

Dieses Gras ist sehr fest, so daß der Ball oben drauf saß, was er bei Bermuda- oder Bluegras sicher nicht getan hätte. Der Schlag war also leichter als es zuerst den Anschein hatte. Ich schlug einen Sand Wedge, traf ihn hoch am Schlägerblatt und war 8 Meter vom Loch am Grünrand. Rückblickend würde ich sagen, daß bei dieser steilen Aufwärtslage ein Pitching Wedge wahrscheinlich der bessere Schläger gewesen wäre als der sehr schräg stehende Sand Wedge.

Der Putt sah so aus, als ob er nach rechts ablaufen müßte, ich wußte aber von früheren Turnieren in Pebble Beach, daß er gerade sein mußte. Ich spielte ihn schnurgerade – ins Loch. Endlich der erste gute Putt dieses Tages! Mein Putter schien langsam warm zu werden.

Rogers spielte ein Bogey, und so ging ich mit einem Schlag in Führung.

Nr. 11, 345 Meter, Par 4

Der blinde Drive über eine Hügelkuppe muß nach links gehalten werden. Da ist zwar ein Fairwaybunker, den man aber leicht im Carry überwindet.

Verzieht man den Drive nach rechts, so ist ein Par sehr schwer, weil man aus dem Rough über einen Bunker auf ein schmales, nach hinten abfallendes Grün spielen muß. Aus dem linken Rough kann man den Ball hoch und direkt aufs Grün spielen, aber nicht aus dem rechten.

Ich schlug einen langen Drive auf die rechte Seite des Fairways, so daß ich nur noch einen Pitching Wedge zum Grün hatte. Ich traf ihn nicht sehr gut, so daß der Ball zwar aufs Grün ging, mir aber ein ziemlich stark nach rechts abfallender Putt von ca. 7 Meter blieb.

So wie die meisten Golfer spiele auch ich lieber einen Putt von rechts nach links; aber diesen traf ich offenbar besonders gut, und er ging schnurstracks ins Loch. Plötzlich lag ich zwei Schläge in Führung.

Nr. 12, 184 Meter, Par 3

Spielt man das 12. im Crosby Pro-Am zu Anfang des Jahres, so hält das Grün. Im Sommer tut es das nur, wenn es besonders stark gewässert und daher weich ist. Steht die Fahne links auf dem Grün, wie es an diesem Sonntag der Fall war, so kann man den Ball mit einem langen Eisen nur dann auf dem Grün halten, wenn man ihn turmhoch schlägt und tot herunterfallen läßt. Ein tiefer Bunker liegt quer vor dem ganzen Grün.

Ich versuche ein Eisen 3 auf die rechte Grünhälfte mit leichtem Draw, der den Ball aber nicht zur Fahne ziehen sollte, weil das Grün sowieso nach links abfällt. Er sollte also nur vorn auf der rechten Grünhälfte aufsetzen, um dann nach links auszurollen, so daß mir ein 7- oder 8-Meter-Putt für das Birdie bleiben würde.

Mein Ziel war eine Landefläche von etwa 7 Metern Durchmesser; aber ich pushte den Ball in den rechten Bunker, aus dem ich nur schlecht herauskam und 5 Meter zu kurz blieb. Es war ein miserabler Bunkerschlag.

Bei dem Putt mußte ich sehr vorsichtig sein, weil das Grün abfiel und besonders schnell war, schneller als man dachte; und andere Spieler hatten vor mir etwa an der gleichen Stelle bereits drei Putts gemacht. Ich kullerte den Ball vorsichtig von rechts nach links, hatte ihn aber offenbar nicht hoch genug angesetzt, so daß er kurz unter dem Loch liegenblieb.

Das Bogey warf mich auf vier unter Par zurück. Ich lag damit noch zwei Schläge vor Rogers und nur einen vor Nicklaus. Bruce ermahnte mich, auf mein Timing zu achten.

Nr. 13, 354 Meter, Par 4

Hier darf man keinesfalls nach rechts schlagen, vor allem, wenn die Fahne rechts steht. Das Grün hängt nach links. Der Drive muß nach links gehalten werden.

Man kann in den linken Fairwaybunker driven oder sogar noch links davon und immer noch besser dran sein als mit einem nach rechts geschlagenen Drive. Nicklaus lag links von dem Bunker, als er 1972 die Offene gewann, hatte einen geraden Schlag an die rechts stehende Fahne und spielte sein Par. Mit einem Drive nach rechts hat man dagegen überhaupt keine Chance.

Ich nahm die Hände etwas vor den Ball, um ihm einen Draw zu geben. Es war ein exzellenter Schlag, 270 Meter lang auf die linke Seite des Fairway. Mit dem Pitching Wedge wollte ich den Ball dann so weit aufs Grün schlagen, daß ich einen geraden Putt haben würde. Ist man hier nämlich zu kurz oder zu lang, so steht man vor einem stark ablaufenden Putt. Ideal ist ein Schlag auf Fahnenhöhe, etwas nach links, weil der Putt von rechts viel schneller ist und außerdem hängt.

Nach einem guten Pitching Wedge lag mein Ball 5 Meter links vom Loch, und ich hatte einen geraden Putt vor mir. Leider lief der Ball haarscharf am Loch vorbei.

In den gleichen Minuten spielte Nicklaus vor mir das 15. in Birdie, und wir lagen all square. Ich bekam einen Adrenalinausstoß und war aufs äußerste angespannt.

Nr. 14, 510 Meter, Par 5

Auch an diesem scharfen Dogleg nach rechts schlug ich einen beachtlichen Drive. Mein Zielpunkt lag etwa 20 Meter links vom rechten Bunker, den man vom Abschlag aus schon sehen kann, wenn man mindestens 1.75 Meter groß ist. Da ich es nur bis auf 1.72 Meter gebracht habe, mußte ich etwas hochhüpfen, um ihn zu erkennen.

Ich hatte einen langen Fade um diesen Bunker herum, versuchte aber trotzdem nicht, das Grün mit dem zweiten Schlag zu erreichen. Das Grün ist schmal, davor ein dicker Bunker, dahinter eine tiefe Senke, und man kann auf beiden Seiten leicht out-of-bounds schlagen. Man darf an diesem 14. Loch auf keinen Fall übers Grün schlagen, weil man dann auf dieses äußerst tückische, schnelle und abfallende Grün zurückspielen muß. Ein zu kurzer Ball ist dagegen im Bunker meistens eingebohrt.

Ich blieb mit einem Eisen 5 also absichtlich kurz, weil ich als dritten Schlag einen vollen Sand Wedge spielen wollte. Ich sagte noch zu Bruce, meinem Caddie, daß ich mir einen 85-Meter-Schlag wünschte. Das Eisen 5 wurde mit leichtem Draw sauber getroffen, und der nächste Schlag zum Grün war genau 86 Meter lang.

Der Ball lag schlecht auf hartem Untergrund, und ich stand unter ihm. Ich traf ihn nur dünn, so dünn, daß ich schnitt, und er ging über das Grün, fast 12 Meter übers Loch hinaus.

Ich bat Bruce um seinen Rat, und er meinte, daß der Ball in der Nähe des Lochs nach rechts ablaufen würde. Das sah ich ein. Der Ball mußte anfangs etwas nach links, näher zum Loch, dann aber mehr nach rechts abrollen. Dabei war die Geschwindigkeit genauso schwer zu taxieren wie die Richtung, weil der Putt hing und abwärts war. Ich konnte nur hoffen, ihn ans Loch zu bringen und ließ die Fahne zur Sicherheit stehen.

Mein Zielpunkt lag ungefähr 15 Zentimeter links vom Loch. Der Ball wurde sauber getroffen, Geschwindigkeit und Richtung stimmten, und er ging zum Birdie ins Loch. Dieser Putt brachte mir die Meisterschaft.

Zum ersten Mal stand ich an diesem Tag nicht mehr unter Druck. Er war wie weggeblasen; ich fühlte mich großartig und war ganz ruhig. Ich wußte genau, was ich tun wollte und tat es auch, und zum ersten Mal machte mir das Spiel auch richtig Spaß. Ich habe diesen inneren Zustand ein paar Mal erlebt und kann Ihnen nur versichern, daß es das schönste Gefühl ist, das man im Golf haben kann.

Der Druck war verschwunden — ich hatte die Situation fest in der Hand, und das Spiel ging weiter. Ich lag jetzt einen Schlag vor Jack und drei Schläge vor Rogers. Es war ein harter Zweikampf. Jack wollte die Open als Rekord zum fünften Mal gewinnen und ich zum ersten Mal. Mir war bewußt, daß es ein Duell mit dem größten Golfer aller Zeiten war. Das brachte alte Erinnerungen zurück an die British Open 1977 in Turnberry, als ich auf den letzten beiden Runden zweimal eine 65 spielte gegen die 65 und 66 von Jack.

Nr. 15, 356 Meter, Par 4

Der Abschlag weist auf die rechte Seite des Fairways, und man sollte versuchen, den Ball in die linke Seite hineinzuhooken. Selbst wenn die Fahne, wie an diesem Tage, links steht, ist der zweite Schlag aus dem linken Rough leichter als von rechts, wo man Bäume und Bunker vor sich und das out-of-bounds an der Seite hat.

Ich peitschte den Ball genau die linke Seite des Fairways hinauf und hinunter in die kleine Senke. Von dort schlug ich einen Pitching Wedge rechts aus dem Loch, und er blieb entgegen meiner Befürchtung auch liegen.

Der Putt war nur etwa 4 Meter lang mit einem leichten Break nach links. Leider puttete ich mit zu viel Break, so daß der Ball oben am Loch vorbeilief. Damit hatte ich eine gute Chance vergeben, lag aber immer noch mit einem Schlag in Führung und hatte noch drei Löcher zu spielen.

Nr. 16, 360 Meter, Par 4

Mein guter Freund Frank (Sandy) Tatum, Studienkollege aus Stanford und Ex-Präsident der US-Golf-Association, ließ einen Bunker rechts von dieser 16. Bahn und etwa in Höhe unserer Drives neu gestalten, so daß er tiefer und schwerer wurde. Nachdem die linke Seite des Fairways jede Menge Platz hat, ist dieser hochkantige Bunker die einzige Stelle an dem Loch, in die man auf keinen Fall hineingeraten darf. Natürlich schlug ich meinen Ball genau in Frank D. Tatum jr.'s neuen Bunker.

Das Loch ist nur 360 Meter lang; aber ich hatte trotzdem an allen Tagen den Driver genommen und auch bei nach rechts verzogenen Bällen immer Glück gehabt. Einmal schaffte ich aus dem rechten Bunker sogar noch ein Birdie. Am Sonntag wollte ich zuerst ein Holz 3 vom Abschlag nehmen, entschloß mich dann aber doch dazu, einen Drive mit leichtem Draw auf die linke Ecke des rechten Bunkers zu schlagen, um als nächsten Schlag einen vollen Sand Wedge an die vorn auf dem Grün stehende Fahne zu spielen. So hätte ich den Ball tot an die Fahne legen, eventuell das Birdie schaffen und mit zwei Schlägen in Führung gehen können.

Nun, ich schlug meinen Drive an die linke Kante des an der Dogleg-Ecke nach rechts liegenden Bunkers, aber anstelle eines Draws leider mit leichtem Fade in den Bunker. Es war das einzige Mal an diesem Tag, daß mein Drive nicht auf dem Fairway lag. Nachdem die Bunkerkante etwa in Augenhöhe war, konnte ich unmöglich direkt aufs Grün spielen und konnte den Ball nur mit dem Sand Wedge zur Seite herausschlagen.

Amerikanische Golfplatzarchitekten bauen selten solche mörderischen Bunker. Die Engländer tun es, weil für sie der Bunker eine ähnlich harte Strafe darstellen soll wie bei den Amerikanern das Wasser.

Ich spielte den Ball also seitlich heraus für einen dritten Schlag von stark abfallendem Hang an eine vorn am Grünrand stehende Fahne. Ich schlug mit dem Sand Wedge zu weit hinter dem Ball in den Boden, was einen „flier" ergab, einen Ball ohne Backspin, der in der Mitte des Grüns aufkam und dann bis zum hinteren Ende rollte – 16 Meter hinter dem Loch.

Um mit Nicklaus all square zu bleiben, mußte ich mit zwei Putts einlochen. Ein zu hart geschlagener Ball konnte aber leicht 5 Meter übers Loch hinausgehen; und zu allem Überfluß hing das Grün auch noch stark nach rechts.

Es war sicher mein schwerster Putt während der ganzen Meisterschaft. Ich kalkulierte einen Break von mindestens drei Metern ein, also ungewöhnlich viel, und suchte nur ein passendes Zwischenziel. Der Ball blieb tot am Loch liegen für ein „leichtes" Bogey. Nie habe ich einen besseren Putt unter so starkem Druck gespielt.

So ging ich mit Nicklaus all square auf den 17. Abschlag, da er das 17. und 18. Loch in Par gespielt hatte. Jetzt mußten mir nur noch vier wirklich gute Schläge gelingen, um an einem der beiden letzten Löcher ein Birdie zu schaffen.

Nr. 17, 205 Meter, Par 3

Das 17. Loch kennt kein Pardon. Entweder kommt man aufs Grün, oder man ist in großen Schwierigkeiten.

Auf dem am Sonntag nach hinten verlegten Abschlag schwankte ich zwischen einem Eisen 3 und einem Eisen 2. Da ich ja an sich gut in Form war, dachte ich zuerst an das Eisen 3; nahm dann aber doch das Eisen 2, weil wir Gegenwind hatten und die Fahne auf dem langen Zwei-Stufen-Grün hinten links stand. Bruce war mit meinem Entschluß einverstanden.

Ich hatte in dieser Woche am 17. immer gut abgeschlagen, hatte zwei Birdies gespielt und ein weiteres nur knapp verfehlt, war also voller Zutrauen. Ich versuchte, den Ball in Richtung auf den Fernsehturm hinter dem Grün mit leichtem Draw zur Fahne zu spielen. Der Ball startete auch in der gewünschten Richtung, aber leider hatte ich den Schläger zu sehr over-the-top geschwungen. Der Ball setzte hart und links vom Grün auf – aber selbst wenn er auf dem Grün aufgekommen wäre, hätte er darüber hinausgehen müssen.

Ich konnte nicht erkennen, wie und wo der Ball lag und wußte nur noch eines: Jetzt ist es aus! Der Ball mußte etwa in Fahnenhöhe links vom Loch im Rough liegen, und der nächste Schlag würde auf ein zum Loch hin abfallendes Grün sein. Auf dem Weg zum Grün sagte ich mir, daß ich wahrscheinlich einen langen Putt zum Par haben würde und keinesfalls mehr erhoffen dürfte. Das war mein Plan.

Dann aber sah ich, daß der Ball relativ gut lag und hatte einen Augenblick das Gefühl, als ob die Sonne hinter den Wolken hervorkommen würde. Ich

Nr. 17

war ziemlich sicher, den Ball so gut herausspielen zu können, daß der Putt machbar sein würde. Der Ball lag leicht abwärts, und es würde daher etwas schwierig sein, ihn schnell hochzubekommen und weich aufsetzen zu lassen. Aber ich konnte den Schlägerkopf unter dem Ball hindurchgleiten lassen — und darin lag der Schlüssel zum Schlag. Ich hatte diese kleinen Schläge unzählige Male geübt.

Bill Rogers spielte zuerst, weil er weiter von der Fahne war, obwohl sein Ball auf dem Grün lag. Ich ging zu Bruce hinüber, der irgendetwas herumdruckste. Er murmelte unverständliches Zeug, wie ich wohl den Ball an die Fahne spielen könnte, aber ich erklärte ihm kurz und bündig: „Ich werde den Ball nicht an die Fahne spielen, ich werde ihn einlochen!" Und ich habe in diesem Augenblick ehrlich daran geglaubt.

Ich ging zu meinem Ball zurück. Es waren etwa sieben Meter bis zum Loch, davon vier Meter Grün. Nach ein paar Übungsschwüngen stellte ich mich an den Ball. Er würde nach dem Aufsetzen etwa 30 Zentimeter nach rechts ablaufen; aber ich hatte dann doch das Gefühl, zu viel Break zu sehen, hielt dann ein bißchen mehr nach rechts, schaute noch einmal zum Loch und schwang den Schläger zurück.

Ich hatte das Schlägerblatt des Sand Wedge aufgedreht, bog im Rückschwung das rechte Handgelenk leicht ab und schnitt mit dem Schlägerblatt dann von außen nach innen unter dem Ball hindurch. Er ging steil hoch und setzte weich auf.

Er sollte an sich auf dem Vorgrün aufkommen, aber er ging dann doch etwas weiter, landete auf dem Grün, sprang zweimal hoch und rollte dann wie ein Putt mit einem leichten Break nach rechts.

Als der Ball noch etwa 1.5 Meter vom Loch weg war, drehte ich mich nach links, um ihn besser sehen zu können. Als er noch 30 Zentimeter vom Loch war, erkannte ich, daß er genau darauf zulief, und wußte in dem Augenblick, daß ich in der US Open um einen Schlag in Führung lag. Ich war nahe daran, vor Begeisterung in den Pazifik zu springen, aber dann rief ich nur zu Bruce: „Siehst Du, ich hab' es Dir gesagt!"

Dann konzentrierte ich mich sofort voll und ganz auf das nächste Loch.

Nr. 18, 494 Meter, Par 5

Das ist das einzige Loch, bei dem ich von meinem ursprünglichen Spielplan abwich. Das Loch verlangt vom ersten wie auch vom zweiten Schlag äußerste Präzision. (Ich versuche hier nie, in zwei Schlägen aufs Grün zu kommen, weil das Loch in seiner ganzen Länge links vom Ozean begrenzt wird.)